MQ

맥체인큐티(12-06)

하나님의 말씀과 기도로
거룩하여 짐이라
(딤전 4:5)

MQ
맥체인큐티(12-06)

발 행 인 김수곤
편집위원 김홍양 임건혁 정현기 김종인 박성대
디 자 인 디자인이츠
발행한곳 선교횃불
등록주소 송파구 백제고분로 27길 12(삼전동)
전　　화 (02) 2203-2739
팩　　스 (02) 2203-2738
이 메 일 ccm2you@gmail.com
홈페이지 www.ccm2u.com
발 행 일 2021년 6월 1일

맥체인성경읽기표 6월

일차	날짜	가정		개인	
152	6/1	신 5	시88	사33	계 3
153	2	신 6	시89	사34	계 4
154	3	신 7	시90	사35	계 5
155	4	신 8	시91	사36	계 6
156	5	신 9	시92·93	사37	계 7
157	6	신10	시94	사38	계 8
158	7	신11	시95·96	사39	계 9
159	8	신12	시97·98	사40	계10
160	9	신13·14	시99~101	사41	계11
161	10	신15	시102	사42	계12
162	11	신16	시103	사43	계13
163	12	신17	시104	사44	계14
164	13	신18	시105	사45	계15
165	14	신19	시106	사46	계16
166	15	신20	시107	사47	계17
167	16	신21	시108·109	사48	계18
168	17	신22	시110·111	사49	계19
169	18	신23	시112·113	사50	계20
170	19	신24	시114·115	사51	계21
171	20	신25	시116	사52	계22
172	21	신26	시117·118	사53	마 1
173	22	신27·28:1~19	시119:1~24	사54	마 2
174	23	신28:20~68	시119:25~48	사55	마 3
175	24	신29	시119:49~72	사56	마 4
176	25	신30	시119:73~96	사57	마 5
177	26	신31	시119:97~120	사58	마 6
178	27	신32	시119:121~144	사59	마 7
179	28	신33·34	시119:145~176	사60	마 8
180	29	수 1	시120~122	사61	마 9
181	30	수 2	시123~125	사62	마10

차례

맥체인 QT 가이드

01 사도신경 오늘의 찬양

신앙고백으로 마음을 정돈하고, 오늘의 찬양으로 마음의 준비를 하세요.

02 핵심주제

그날의 핵심주제를 기억하며 본문으로 들어갑니다.

03 본문읽기

네 본문의 소제목을 기억하면서 본문을 정독으로 읽으세요.
- 반복되는 단어, 유사한 단어, 반대되는 단어를 기억하면서...
- 나에게 주시는 동일한 핵심 단어를 4책에서 찾아 기록해 보세요.

04 묵상가이드

본문의 내용을 떠올리며 단어나 문장을 연결하며 다시 한번 정독으로 읽으세요.

05 더 깊은 묵상

하나님이 나에게 주시는 말씀을 다시 한번 묵상해 보세요.

06 말씀기도

오늘 내게 주신 말씀에 순종 할 수 있도록 하나님께 기도를 드립니다.

07 나의 적용

묵상을 통해 주신 말씀에 순종하며, 오늘 내가 할수 있는 일을 구체적으로 기록해 보세요.

08 감사기도

감사가 사라지고 있는 이 시대.. 하루에 3가지(믿음, 소망, 사랑)의 감사하는 마음을 담아 기록하여 보세요. 감사는 또 다른 감사를 만들어 줍니다.

09 말씀암송

주어진 시간안에서 말씀을 기억하세요. (괄호 채우기를 권해드립니다.) 1년 365요절을 암송합니다.

▶나눔 (하브루타 토론식)◀

교회 소그룹에 활용시 (09)말씀기도 전에
『하브루타 토론식』으로 서로의 의견을 말하고 생각을 공유해 보세요.
맥체인QT집으로 묵상을 하시면
같은 말씀이라도 하나님의 주신 말씀이 다양한 방향과 방법으로
대화의 나눔의 장을 만들어 드릴것입니다.

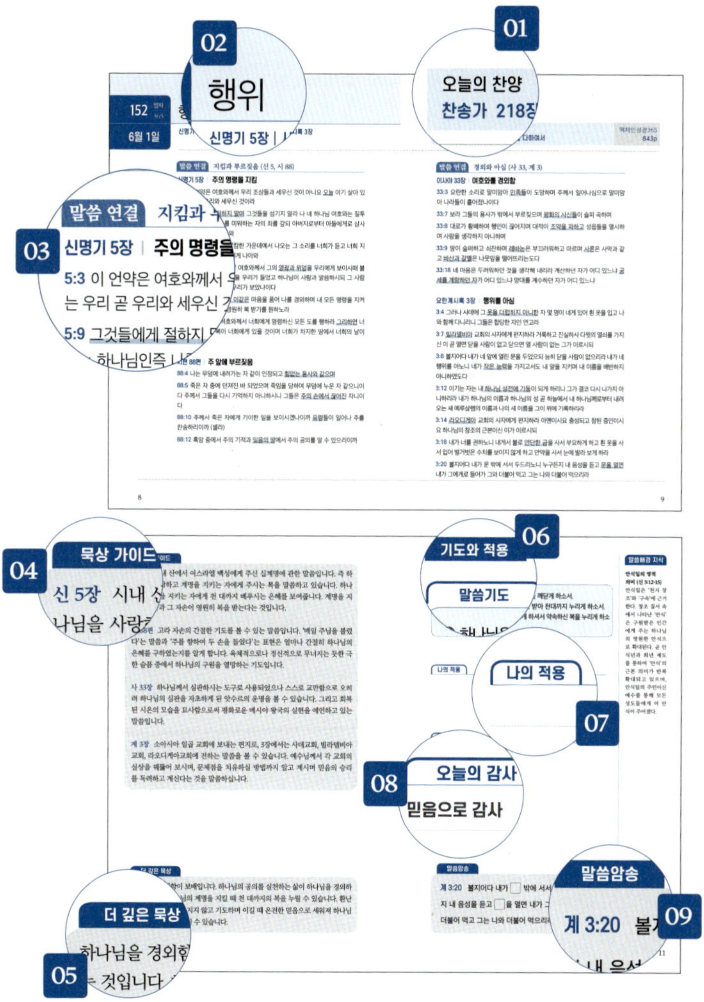

맥체인 성경읽기는
말씀에서 길을 찾고 기도로 힘을 얻는다

● 나의 맥체인 성경읽기를 공개합니다.

① 먼저 기도하고 찬양으로 마음을 준비합니다.

② 성경읽기표에 따른 네 본문에 제시된 주제를 통해 중심 단어를 생각합니다.

③ 네 성경 본문을 순서대로 천천히 읽습니다. (주요 요절이나 단어에 밑줄이나 표기를 합니다.)

④ 우선 두 성경 본문에서 주제와 일치하는 내용이나 반복되는 단어나 유사한 문맥을 찾아 서로 연결해 봅니다.

⑤ 본문에서 반대되는 내용이나 같은 뜻을 가진 단어나 문장 문맥을 찾아봅니다.

⑥ 이렇게 연결되는 본문을 나머지 다른 두 권으로 확대하여, 네 권 전체에 흐르는 하나님의 뜻을 발견하고, 그 내용을 적어봅니다. (나에게 주시는 말씀)

⑦ 네 성경 본문을 한 주제로 연결하도록(Word Link) 깊은 묵상을 합니다.

⑧ 나아가 본문에서 지도자나 인도자로부터 배운 신학 주제나 교리들이 함축하고 있는 문맥이나 내용의 짝을 찾아봅니다.

⑨ 삶에 적용할 항목들을 적어보고 실천함으로써 놀라운 변화를 경험해 봅니다. 매일 묵상할 때마다 다른 감동을 경험할 수 있습니다.

⑩ 마지막으로 하나님이 오늘 나에게 주신 말씀을 통하여 가르침, 명령과 약속과 권면, 경고 및 행해야 할 일들을 적어보고, 하나님과 대화하는 마음으로 묵상하고, 말씀기도로 성경읽기를 마무리합니다.

※ 독자들의(맥체인큐티, MQ) 다양한 원고를 기다립니다. 공동체의 성경읽기가 습관화 되어지도록 말씀묵상, 말씀적용, 감사기도의 은혜를 독자들과 나눌 수 있도록 사연을 기다립니다. 지면을 통하여 함께 은혜 나누기를 소망합니다. 채택되신 분들에게는 감사의 마음을 담아 선교횃불 도서를 선물로 보내드립니다. (이메일 : ccm2you@gmail.com)

맥체인 성경읽기

[주의할 점]

첫째, 형식으로 읽지 말아야 합니다.

둘째, 분량 채우는 것으로 만족하지 말아야 합니다.

셋째, 아무렇게나 건성으로 읽지 말아야 합니다.

넷째, 의무감으로 억지로 읽지 말아야 합니다.

[장점]

첫째, 성경 전체를 1년 동안 정독할 수 있습니다.

둘째, 성경의 네 가지 본문을 동시에 보는 안목을 기르게 됩니다.

셋째, 성경의 주인이 하나님이심을 알게 됩니다.

넷째, 어느 부분을 읽을지 고민하지 않습니다.

다섯째, 교회의 전 성도가 어디를 읽는지 알 수 있습니다.

여섯째, SNS로 같은 본문의 은혜 나눔이 가능합니다.

일곱째, 새벽기도때 설교를 듣고 매일 읽어 나갈 수 있습니다.

152 일차 365

행위

6월 1일

신명기 5장 | 시편 88편 | 이사야 33장 | 요한계시록 3장

말씀 연결 지킴과 부르짖음 (신 5, 시 88)

신명기 5장 | 주의 명령을 지킴

5:3 이 언약은 여호와께서 우리 조상들과 세우신 것이 아니요 오늘 여기 살아 있는 우리 곧 우리와 세우신 것이라

5:9 그것들에게 절하지 말며 그것들을 섬기지 말라 나 네 하나님 여호와는 질투하는 하나님인즉 나를 미워하는 자의 죄를 갚되 아버지로부터 아들에게로 삼사대까지 이르게 하거니와

5:23 산이 불에 타며 캄캄한 가운데에서 나오는 그 소리를 너희가 듣고 너희 지파의 수령과 장로들이 내게 나아와

5:24 말하되 우리 하나님 여호와께서 그의 영광과 위엄을 우리에게 보이시매 불 가운데에서 나오는 음성을 우리가 들었고 하나님이 사람과 말씀하시되 그 사람이 생존하는 것을 오늘 우리가 보았나이다

5:29 다만 그들이 항상 이같은 마음을 품어 나를 경외하며 내 모든 명령을 지켜서 그들과 그 자손이 영원히 복 받기를 원하노라

5:33 너희 하나님 여호와께서 너희에게 명령하신 모든 도를 행하라 그리하면 너희가 살 것이요 복이 너희에게 있을 것이며 너희가 차지한 땅에서 너희의 날이 길리라

시편 88편 | 주 앞에 부르짖음

88:4 나는 무덤에 내려가는 자 같이 인정되고 힘없는 용사와 같으며

88:5 죽은 자 중에 던져진 바 되었으며 죽임을 당하여 무덤에 누운 자 같으니이다 주께서 그들을 다시 기억하지 아니하시니 그들은 주의 손에서 끊어진 자니이다

88:10 주께서 죽은 자에게 기이한 일을 보이시겠나이까 유령들이 일어나 주를 찬송하리이까 (셀라)

88:12 흑암 중에서 주의 기적과 잊음의 땅에서 주의 공의를 알 수 있으리이까

오늘의 찬양

찬송가 218장 | 네 맘과 정성을 다하여서

맥체인성경365
843p

말씀 연결 경외와 아심 (사 33, 계 3)

이사야 33장 | 여호와를 경외함

33:3 요란한 소리로 말미암아 민족들이 도망하며 주께서 일어나심으로 말미암
아 나라들이 흩어졌나이다

33:7 보라 그들의 용사가 밖에서 부르짖으며 평화의 사신들이 슬피 곡하며

33:8 대로가 황폐하여 행인이 끊어지며 대적이 조약을 파하고 성읍들을 멸시하
며 사람을 생각하지 아니하며

33:9 땅이 슬퍼하고 쇠잔하며 레바논은 부끄러워하고 마르며 사론은 사막과 같
고 바산과 갈멜은 나뭇잎을 떨어뜨리는도다

33:18 네 마음은 두려워하던 것을 생각해 내리라 계산하던 자가 어디 있느냐 공
세를 계량하던 자가 어디 있느냐 망대를 계수하던 자가 어디 있느냐

요한계시록 3장 | 행위를 아심

3:4 그러나 사데에 그 옷을 더럽히지 아니한 자 몇 명이 네게 있어 흰 옷을 입고 나
와 함께 다니리니 그들은 합당한 자인 연고라

3:7 빌라델비아 교회의 사자에게 편지하라 거룩하고 진실하사 다윗의 열쇠를 가지
신 이 곧 열면 닫을 사람이 없고 닫으면 열 사람이 없는 그가 이르시되

3:8 볼지어다 내가 네 앞에 열린 문을 두었으되 능히 닫을 사람이 없으리라 내가 네
행위를 아노니 네가 작은 능력을 가지고서도 내 말을 지키며 내 이름을 배반하지
아니하였도다

3:12 이기는 자는 내 하나님 성전에 기둥이 되게 하리니 그가 결코 다시 나가지 아
니하리라 내가 하나님의 이름과 하나님의 성 곧 하늘에서 내 하나님께로부터 내려
오는 새 예루살렘의 이름과 나의 새 이름을 그이 위에 기록하리라

3:14 라오디게아 교회의 사자에게 편지하라 아멘이시요 충성되고 참된 증인이시
요 하나님의 창조의 근본이신 이가 이르시되

3:18 내가 너를 권하노니 내게서 불로 연단한 금을 사서 부요하게 하고 흰 옷을 사
서 입어 벌거벗은 수치를 보이지 않게 하고 안약을 사서 눈에 발라 보게 하라

3:20 볼지어다 내가 문 밖에 서서 두드리노니 누구든지 내 음성을 듣고 문을 열면
내가 그에게로 들어가 그와 더불어 먹고 그는 나와 더불어 먹으리라

묵상 가이드

신 5장 시내 산에서 이스라엘 백성에게 주신 십계명에 관한 말씀입니다. 즉 하나님을 사랑하고 계명을 지키는 자에게 주시는 복을 말씀하고 있습니다. 하나님의 계명을 지키는 자에게 천 대까지 베푸시는 은혜를 보여줍니다. 계명을 지키는 자들과 그 자손이 영원히 복을 받는다는 것입니다.

시 88편 고라 자손의 간절한 기도를 볼 수 있는 말씀입니다. '매일 주님을 불렀다'는 말씀과 '주를 향하여 두 손을 들었다'는 표현은 얼마나 간절히 하나님의 은혜를 구하였는지를 알게 합니다. 육체적으로나 정신적으로 무너지는 듯한 극한 슬픔 중에서 하나님의 구원을 열망하는 기도입니다.

사 33장 하나님께서 심판하시는 도구로 사용되었으나 스스로 교만함으로 오히려 하나님의 심판을 자초하게 된 앗수르의 운명을 볼 수 있습니다. 그리고 회복된 시온의 모습을 묘사함으로써 평화로운 메시야 왕국의 실현을 예언하고 있는 말씀입니다.

계 3장 소아시아 일곱 교회에 보내는 편지로, 3장에서는 사데교회, 빌라델비아교회, 라오디게아교회에 전하는 말씀을 볼 수 있습니다. 예수님께서 각 교회의 실상을 꿰뚫어 보시며, 문제점을 치유하실 방법까지 알고 계시며 믿음의 승리를 독려하고 계신다는 것을 말씀하십니다.

더 깊은 묵상

하나님을 경외함이 보배입니다. 하나님의 공의를 실천하는 삶이 하나님을 경외하는 것입니다. 하나님의 계명을 지킬 때 천 대까지의 복을 누릴 수 있습니다. 환난과 시련 중에도 넘어지지 않고 기도하며 이길 때 온전한 믿음으로 세워져 하나님의 약속하신 복을 누릴 수 있습니다.

기도와 적용

말씀기도

❶ 하나님을 경외함이 가장 큰 보배임을 깨닫게 하소서.
❷ 하나님의 계명을 지킴으로 은혜를 받아 천대까지 누리게 하소서.
❸ 믿음의 시련을 기도함으로 이기게 하셔서 약속하신 복을 누리게 하소서.

나의 적용

오늘의 감사

믿음으로 감사

소망으로 감사

사랑으로 감사

말씀암송

계 3:20 볼지어다 내가 [ ] 밖에 서서 두드리노니 누구든지 내 음성을 듣고 [ ]을 열면 내가 그에게로 들어가 그와 더불어 먹고 그는 나와 더불어 먹으리라

말씀배경 지식

안식일의 영적 의미 (신 5:12-15)

안식일은 '천지 창조'와 '구속'에 근거한다. 창조 질서 속에서 나타난 '안식'은 구원받은 인간에게 주는 하나님의 영원한 안식으로 확대된다. 곧 안식년과 희년 제도를 통하여 '안식'의 근본 의미가 반복 확대되고 있으며, 안식일의 주인이신 예수를 통해 모든 성도들에게 이 안식이 주어졌다.

153 일차/365

들어야 할 하나님의 말씀

6월 2일

신명기 6장 | 시편 89편 | 이사야 34장 | 요한계시록 4장

말씀 연결 계명 준수와 기름 부음 (신 6, 시 89)

신명기 6장 | 사랑과 계명 준수

6:2 곧 너와 네 아들과 네 손자들이 평생에 네 하나님 여호와를 경외하며 내가
너희에게 명한 그 모든 규례와 명령을 지키게 하기 위한 것이며 또 네 날을 장구
하게 하기 위한 것이라

6:4 이스라엘아 들으라 우리 하나님 여호와는 오직 유일한 여호와이시니

6:5 너는 마음을 다하고 뜻을 다하고 힘을 다하여 네 하나님 여호와를 사랑하라

6:10 네 하나님 여호와께서 네 조상 아브라함과 이삭과 야곱을 향하여 네게 주
리라 맹세하신 땅으로 너를 들어가게 하시고 네가 건축하지 아니한 크고 아름다
운 성읍을 얻게 하시며

6:25 우리가 그 명령하신 대로 이 모든 명령을 우리 하나님 여호와 앞에서 삼가
지키면 그것이 곧 우리의 의로움이니라 할지니라

시편 89편 | 기름부음을 받은 자

89:2 내가 말하기를 인자하심을 영원히 세우시며 주의 성실하심을 하늘에서 견
고히 하시리라 하였나이다

89:3 주께서 이르시되 나는 내가 택한 자와 언약을 맺으며 내 종 다윗에게 맹세
하기를

89:12 남북을 주께서 창조하셨으니 다볼과 헤르몬이 주의 이름으로 말미암아
즐거워하나이다

89:17 주는 그들의 힘의 영광이심이라 우리의 뿔이 주의 은총으로 높아지오리
니

89:29 또 그의 후손을 영구하게 하여 그의 왕위를 하늘의 날과 같게 하리로다

89:33 그러나 나의 인자함을 그에게서 다 거두지는 아니하며 나의 성실함도 폐
하지 아니하며

89:39 주의 종의 언약을 미워하사 그의 관을 땅에 던져 욕되게 하셨으며

89:45 그의 젊은 날들을 짧게 하시고 그를 수치로 덮으셨나이다 (셀라)

오늘의 찬양
찬송가 293장 | 주의 사랑 비칠 때에

맥체인성경365
848p

말씀 연결 들을 말씀과 합당하신 하나님 (사 34, 계 4)

이사야 34장 | 열국이 들을 말씀

34:8 이것은 여호와께서 보복하시는 날이요 시온의 송사를 위하여 신원하시는 해라

34:9 에돔의 시내들은 변하여 역청이 되고 그 티끌은 유황이 되고 그 땅은 불 붙는 역청이 되며

34:10 낮에나 밤에나 꺼지지 아니하고 그 연기가 끊임없이 떠오를 것이며 세세에 황무하여 그리로 지날 자가 영영히 없겠고

34:11 당아새와 고슴도치가 그 땅을 차지하며 부엉이와 까마귀가 거기에 살 것이라 여호와께서 그 위에 혼란의 줄과 공허의 추를 드리우실 것인즉

요한계시록 4장 | 영광을 받으시기에 합당하신 하나님

4:4 또 보좌에 둘려 이십사 보좌들이 있고 그 보좌들 위에 이십사 장로들이 흰 옷을 입고 머리에 금관을 쓰고 앉았더라

4:6 보좌 앞에 수정과 같은 유리 바다가 있고 보좌 가운데와 보좌 주위에 네 생물이 있는데 앞뒤에 눈들이 가득하더라

4:9 그 생물들이 보좌에 앉으사 세세토록 살아 계시는 이에게 영광과 존귀와 감사를 돌릴 때에

묵상 가이드

신 6장 하나님의 말씀을 지키며 교제하는 삶을 살아가면 번성케 하시는 복을 누리게 되지만, 풍요로움에 빠져 하나님을 잊고 우상을 섬기면 멸절시키시는 하나님의 심판을 받게 된다고 말씀하고 있습니다. 하나님을 사랑하는 것의 중요성을 볼 수 있습니다.

시 89편 백성들이 하나님의 법을 버리고 율례를 깨드리며 계명을 지키지 아니함으로 하나님께서 회초리와 채찍으로 징계하시고 심판하셨다는 것을 보여줍니다. 하지만 하나님의 말씀을 지키며 하나님을 사랑하며 살아갈 때 약속대로 복을 더하시고 하나님 나라가 영원히 존속하리라는 희망의 메시지도 담고 있습니다.

사 34장 열방에 대한 심판, 특별히 에돔으로 대표되는 죄악 된 영혼들에 대한 심판의 말씀입니다. 에돔은 형제국가임에도 불구하고 유다가 멸망할 때에 피난하는 백성들을 무자비하게 대했습니다. 바로 이것에 대해 하나님께서 원수를 갚아주신다는 것을 보여줍니다.

계 4장 요한이 환상 중에 하늘로 올라가 본 성부 하나님께 대한 천상에서의 예배 장면을 보여주고 있습니다. 하나님의 보좌 주변의 네 생물과 이십사 장로들이 쉬지 않고 하나님의 거룩함을 찬양하며, 영광과 존귀와 감사를 돌리고 경배했다는 말씀입니다.

더 깊은 묵상

하나님은 그 말씀을 듣고 행하는 자에게 복을 주시지만, 말씀에서 떠나 죄악을 행하는 자는 심판하십니다. 따라서 죄에서 떠나 하나님의 은혜를 구해야 합니다. 신원하시며 구원하시는 하나님의 은혜를 누려야 합니다. 그 은혜 속에서 힘써 하나님을 예배하며 찬양해야 합니다.

기도와 적용

말씀기도

❶ 말씀을 듣고 지킴으로 주의 약속하신 복을 누리게 하소서.
❷ 고통과 아픔을 풀어주시는 하나님의 은혜를 누리게 하소서.
❸ 쉬지 않고 헌신으로 하나님을 찬양하며 예배하는 삶을 살게 하소서.

나의 적용

오늘의 감사

믿음으로 감사

소망으로 감사

사랑으로 감사

말씀암송

시 89:2 내가 말하기를 [ ][ ]하심을 영원히 세우시며 주의 [ ][ ]하심을 하늘에서 견고히 하시리라 하였나이다

말씀배경 지식

라합 (시 89:1)
하나님을 대적하는 교만하고 사악한 자를 뜻한다. 괴물을 무찌르듯 홍해에서 애굽 군대를 쳐부순 사건에서 라합은 애굽 군대 곧 애굽을 상징하게 되었다. 이스라엘 정탐꾼을 숨겨준 기생과는 다른 인물이다. 그래서 '기생 라합'은 '기생'이라는 수식어를 앞에 붙이고 있다.

154 일차 365

6월 3일

하나님과 그의 성민

신명기 7장 | 시편 90편 | 이사야 35장 | 요한계시록 5장

말씀 연결 신실한 하나님과 돌아갈 인생 (신 7, 시 90)

신명기 7장 | 신실한 하나님과 그의 성민

7:2 네 하나님 여호와께서 그들을 네게 넘겨 네게 치게 하시리니 그 때에 너는 그들을 진멸할 것이라 그들과 어떤 언약도 하지 말 것이요 그들을 불쌍히 여기지도 말 것이며

7:7 여호와께서 너희를 기뻐하시고 너희를 택하심은 너희가 다른 민족보다 수효가 많기 때문이 아니니라 너희는 오히려 모든 민족 중에 가장 적으니라

7:8 여호와께서 다만 너희를 사랑하심으로 말미암아, 또는 너희의 조상들에게 하신 맹세를 지키려 하심으로 말미암아 자기의 권능의 손으로 너희를 인도하여 내시되 너희를 그 종 되었던 집에서 애굽 왕 바로의 손에서 속량하셨나니

7:9 그런즉 너는 알라 오직 네 하나님 여호와는 하나님이시요 신실하신 하나님이시라 그를 사랑하고 그의 계명을 지키는 자에게는 천 대까지 그의 언약을 이행하시며 인애를 베푸시되

7:13 곧 너를 사랑하시고 복을 주사 너를 번성하게 하시되 네게 주리라고 네 조상들에게 맹세하신 땅에서 네 소생에게 은혜를 베푸시며 네 토지 소산과 곡식과 포도주와 기름을 풍성하게 하시고 네 소와 양을 번식하게 하시리니

시편 90편 | 영원하신 하나님과 돌아갈 인생

90:2 산이 생기기 전, 땅과 세계도 주께서 조성하시기 전 곧 영원부터 영원까지 주는 하나님이시니이다

90:3 주께서 사람을 티끌로 돌아가게 하시고 말씀하시기를 너희 인생들은 돌아가라 하셨사오니

90:8 주께서 우리의 죄악을 주의 앞에 놓으시며 우리의 은밀한 죄를 주의 얼굴 빛 가운데에 두셨사오니

90:10 우리의 연수가 칠십이요 강건하면 팔십이라도 그 연수의 자랑은 수고와 슬픔뿐이요 신속히 가니 우리가 날아가나이다

90:12 우리에게 우리 날 계수함을 가르치사 지혜로운 마음을 얻게 하소서

90:14 아침에 주의 인자하심이 우리를 만족하게 하사 우리를 일생 동안 즐겁고 기쁘게 하소서

오늘의 찬양
찬송가 342장 | 너 시험을 당해

맥체인성경365
853p

말씀 연결 속량 받은 자 어린 양 (사 35, 계 5)

이사야 35장 | 여호와께 속량 받은 자들

35:1 광야와 메마른 땅이 기뻐하며 사막이 백합화 같이 피어 즐거워하며

35:5 그 때에 맹인의 눈이 밝을 것이며 못 듣는 사람의 귀가 열릴 것이며

35:8 거기에 대로가 있어 그 길을 거룩한 길이라 일컫는 바 되리니 깨끗하지 못
한 자는 지나가지 못하겠고 오직 구속함을 입은 자들을 위하여 있게 될 것이라
우매한 행인은 그 길로 다니지 못할 것이며

요한계시록 5장 | 영광과 찬송을 받으시기에 합당하신 어린 양

5:1 내가 보매 보좌에 앉으신 이의 오른손에 두루마리가 있으니 안팎으로 썼고 일
곱 인으로 봉하였더라

5:5 장로 중의 한 사람이 내게 말하되 울지 말라 유대 지파의 사자 다윗의 뿌리가
이겼으니 그 두루마리와 그 일곱 인을 떼시리라 하더라

5:9 그들이 새 노래를 불러 이르되 두루마리를 가지시고 그 인봉을 떼기에 합당하
시도다 일찍이 죽임을 당하사 각 족속과 방언과 백성과 나라 가운데에서 사람들을
피로 사서 하나님께 드리시고

5:11 내가 또 보고 들으매 보좌와 생물들과 장로들을 둘러 선 많은 천사의 음성이
있으니 그 수가 만만이요 천천이라

묵상 가이드

신 7장 여호와 하나님은 이스라엘의 신실하신 하나님이시며 그들은 하나님의 거룩한 백성이라는 것을 보여줍니다. 하나님께서 이스라엘 민족을 선택하심은 그 민족이 수요가 많고 강성하기 때문이 아니라 예수 그리스도를 통한 사랑과 약속 때문임을 전하는 말씀입니다.

시 90편 우리의 유한함과 연약함을 보여주며 주의 은혜를 붙들어야 함을 보여줍니다. 많은 사람이 자기의 능력을 자만하지만 우리는 유한한 존재로서 티끌과 같고 잠깐 자라다 시들어버리는 풀과 같습니다. 그리고 짧은 인생도 수고와 슬픔뿐이라는 것을 말씀하고 있습니다.

사 35장 장래에 이루어질 구원과 평화의 나라를 보여주고 있습니다. 지금은 멸망과 고통과 수치 가운데 있지만, 하나님께서 용서하시고 회복하시며 백성들의 아픔과 원수를 갚아주시고 구원하실 것을 약속하시며 힘을 내고 두려워하지 말라고 격려하시는 말씀입니다.

계 5장 그리스도께 대한 예배 장면과 아무도 봉인한 인을 뗄 수 없지만, 오직 승리하신 예수 그리스도께서 그 인을 떼시고, 두루마리에 적힌 심판을 단행하시게 된다는 말씀입니다. 심판을 통해 그리스도를 믿고 따르는 우리의 아픔과 눈물을 씻어 주신다는 것을 보여줍니다.

더 깊은 묵상

하나님이 우리의 하나님이 되시고, 우리가 하나님의 거룩한 백성이 될 수 있는 것은 그 관계 속에 우리를 위해 대신 죽으신 예수 그리스도가 계신 까닭입니다. 우리는 연약합니다. 우리의 생명도, 인생의 행복도, 삶의 승리와 축복도 스스로 열어갈 수 없습니다. 따라서 주의 약속을 붙들고 주의 은혜를 구하며 주의 능력을 힘입어야 합니다. 승리하신 주님께 소망을 두어야 합니다.

기도와 적용

말씀기도

❶ 우리의 연약함을 깨닫게 하셔서 겸손히 주님을 붙들게 하소서.
❷ 주님의 사랑에 응답하여 말씀 안에 서게 하시고, 베푸시는 축복을 누리게 하소서.
❸ 주님의 속량하신 은혜를 통해 회복과 기쁨과 즐거움을 누리게 하소서.

나의 적용

오늘의 감사

믿음으로 감사

소망으로 감사

사랑으로 감사

말씀암송

시 90:3 주께서 사람을 [ ][ ]로 돌아가게 하시고 말씀하시기를 너희 [ ][ ]들은 돌아가라 하셨사오니

말씀배경 지식

신명기 7장
이스라엘 백성들이 가나안 땅에 들어간 후에 그곳 가나안 땅의 백성들 곧 우상 숭배자들과 교류하지 말라는 하나님의 명령이 언급되었다. 그 이유는, 언약 백성을 구원하신 하나님은 거룩하신 분이므로 언약 백성도 그분처럼 거룩하게 살아가야 하기 때문이다.

155 일차 365

6월 4일

언약에 신실하심과 성도의 인내

신명기 8장 | 시편 91편 | 이사야 36장 | 요한계시록 6장

말씀 연결 언약과 구원의 하나님 (신 8, 시 91)

신명기 8장 | 언약을 이루시기 위한 하나님의 신실하심

8:2 네 하나님 여호와께서 이 사십 년 동안에 네게 광야 길을 걷게 하신 것을 기억하라 이는 너를 낮추시며 너를 시험하사 네 마음이 어떠한지 그 명령을 지키는지 지키지 않는지 알려 하심이라

8:7 네 하나님 여호와께서 너를 아름다운 땅에 이르게 하시나니 그 곳은 골짜기든지 산지든지 시내와 분천과 샘이 흐르고

8:13 또 네 소와 양이 번성하며 네 은금이 증식되며 네 소유가 다 풍부하게 될 때에

8:14 네 마음이 교만하여 네 하나님 여호와를 잊어버릴까 염려하노라 여호와는 너를 애굽 땅 종 되었던 집에서 이끌어 내시고

8:15 너를 인도하여 그 광대하고 위험한 광야 곧 불뱀과 전갈이 있고 물이 없는 간조한 땅을 지나게 하셨으며 또 너를 위하여 단단한 반석에서 물을 내셨으며

시편 91편 | 구원을 보여주시는 하나님

91:1 지존자의 은밀한 곳에 거주하며 전능자의 그늘 아래에 사는 자여,

91:6 어두울 때 퍼지는 전염병과 밝을 때 닥쳐오는 재앙을 두려워하지 아니하리로다

91:7 천 명이 네 왼쪽에서, 만 명이 네 오른쪽에서 엎드러지나 이 재앙이 네게 가까이 하지 못하리로다

91:13 네가 사자와 독사를 밟으며 젊은 사자와 뱀을 발로 누르리로다

오늘의 찬양
찬송가 357장 | 주 믿는 사람 일어나

맥체인성경365
856p

말씀 연결 구원과 성도의 자세 (사 36, 계 6)

이사야 36장 | 하나님의 구원을 바라는 성도의 자세

36:2 앗수르 왕이 라기스에서부터 랍사게를 예루살렘으로 보내되 대군을 거느리고 히스기야 왕에게로 가게 하매 그가 윗못 수도 곁 세탁자의 밭 큰 길에 서매

36:7 혹시 네가 내게 이르기를 우리는 우리 하나님 여호와를 신뢰하노라 하리라마는 그는 그의 산당과 제단을 히스기야가 제하여 버리고 유다와 예루살렘에 명령하기를 너희는 이 제단 앞에서만 예배하라 하던 그 신이 아니냐 하셨느니라

36:11 이에 엘리아김과 셉나와 요아가 랍사게에게 이르되 우리가 아람 방언을 아오니 청하건대 그 방언으로 당신의 종들에게 말하고 성 위에 있는 백성이 듣는 데에서 우리에게 유다 방언으로 말하지 마소서 하니

36:12 랍사게가 이르되 내 주께서 이 일을 네 주와 네게만 말하라고 나를 보내신 것이냐 너희와 함께 자기의 대변을 먹으며 자기의 소변을 마실 성 위에 앉은 사람들에게도 하라고 보내신 것이 아니냐 하더라

36:16 히스기야의 말을 듣지 말라 앗수르 왕이 또 이같이 말씀하시기를 너희는 내게 항복하고 내게로 나아오라 그리하면 너희가 각각 자기의 포도와 자기의 무화과를 먹을 것이며 각각 자기의 우물 물을 마실 것이요

36:20 이 열방의 신들 중에 어떤 신이 자기의 나라를 내 손에서 건져냈기에 여호와가 능히 예루살렘을 내 손에서 건지겠느냐 하셨느니라 하니라

요한계시록 6장 | 수가 차기까지 쉼

6:4 이에 다른 붉은 말이 나오더라 그 탄 자가 허락을 받아 땅에서 화평을 제하여 버리며 서로 죽이게 하고 또 큰 칼을 받았더라

6:5 셋째 인을 떼실 때에 내가 들으니 셋째 생물이 말하되 오라 하기로 내가 보니 검은 말이 나오는데 그 탄 자가 손에 저울을 가졌더라

6:8 내가 보매 청황색 말이 나오는데 그 탄 자의 이름은 사망이니 음부가 그 뒤를 따르더라 그들이 땅 사분의 일의 권세를 얻어 검과 흉년과 사망과 땅의 짐승들로써 죽이더라

묵상 가이드

신 8장 여호와의 계명을 지키고 그분의 은혜를 잊지 말라는 명령이 주어지고 있습니다. 그리고 축복을 위한 고난을 보여 줍니다. 하나님께서 우리를 축복하시기 위해 시험과 고난의 시간을 지나게 하신다는 것입니다. 하나님께서 고난을 통해 우리를 훈련하기를 원하십니다.

시 91편 고난 중에 포기하지 않고 하나님께 기도해야 함을 보여 줍니다. 포기하지 않는 기도가 결국에는 하나님의 응답과 축복으로 이어지게 된다는 것입니다. 포기하지 않는 믿음의 기도에 응답하시고 건지시며 높이신다는 것입니다. 고난이 축복으로 바뀌게 될 것을 믿고 포기하지 말고 기도해야 합니다.

사 36장 고난 중에 포기하지 않고 하나님을 신뢰해야 함을 보여 줍니다. 하나님을 신뢰하며 의지할 때, 하나님은 우리를 실망시키지 않으십니다. 어떤 흉한 소리에도 흔들리지 말고, 하나님은 구원하실 수 있음을 확신하며, 하나님을 의지하고 신뢰해야 합니다. 신뢰가 결국 하나님의 뜻하신 축복에 이르게 합니다.

계 6장 다섯째 인이 떼어질 때 있게 되는 말씀으로 고난 중에 포기하지 않고 인내해야 함을 보여 줍니다. 하나님의 시간과 우리의 시간이 다르며, 하나님은 하나님의 시간에 반드시 일하시기에, 그 시간까지 기다려야 한다는 것을 말씀하고 있습니다.

더 깊은 묵상

하나님은 고난을 통해 우리를 축복하십니다. 하나님의 인도하심을 따르는 중에 고난이 있다고 두려워할 것이 아니라 고난을 통해 주어질 축복을 소망해야 합니다. 고난 중에 포기하지 않고 기도하며 끝까지 하나님을 신뢰해야 합니다. 하나님의 시간까지 믿고 기다려야 합니다.

기도와 적용

말씀기도

❶ 고난 속에 담긴 하나님의 축복을 깨닫고 바라보게 하시며, 소망 중에 고난을 이기게 하소서.
❷ 고난을 통해 건지시고 높이시는 하나님의 응답을 누리게 하소서.
❸ 고난 중에도 하나님의 시간까지 인내하여 주의 축복을 누리게 하소서.

나의 적용

오늘의 감사

믿음으로 감사

소망으로 감사

사랑으로 감사

말씀암송

시 8:7 네 하나님 여호와께서 너를 □□□□ □에 이르게 하시나니 그 곳은 골짜기든지 산지든지 시내와 분천과 샘이 흐르고

말씀배경 지식

이사야 36장
히스기야 왕 14년, 앗수르 왕 산헤립은 대군을 이끌고 유다를 침공했다. 유다가 앗수르에 조공을 바치기를 거부했기 때문이다. 앗수르 군대는 니느웨 서족의 반역적인 나라들을 진압한 후에 신속히 지중해 연안을 거쳐 예루살렘으로 향했다. 마침내 예루살렘 남서쪽 45km 지점의 라기스에 본진을 친 산헤립은 사신을 보내어 히스기야 왕에게 항복할 것을 독촉하였다. 그러나 이사야는 히스기야 왕에게 두려워 말고 하나님만 의지하라고 권면했다.

156 일차 / 365

여호와의 열심

6월 5일

신명기 9장 | 시편 92-93편 | 이사야 37장 | 요한계시록 7장

말씀 연결 언약을 해하심 (신 9, 시 92-93)

신명기 9장 | 언약의 땅에 들어가서 차지하게 하심

9:1 이스라엘아 들으라 네가 오늘 요단을 건너 너보다 강대한 나라들로 들어가
서 그것을 차지하리니 그 성읍들은 크고 성벽은 하늘에 닿았으며

9:5 네가 가서 그 땅을 차지함은 네 공의로 말미암음도 아니며 네 마음이 정직함
으로 말미암음도 아니요 이 민족들이 악함으로 말미암아 네 하나님 여호와께서
그들을 네 앞에서 쫓아내심이라 여호와께서 이같이 하심은 네 조상 아브라함과
이삭과 야곱에게 하신 맹세를 이루려 하심이니라

9:6 그러므로 네가 알 것은 네 하나님 여호와께서 네게 이 아름다운 땅을 기업으
로 주신 것이 네 공의로 말미암음이 아니니라 너는 목이 곧은 백성이니라

9:16 내가 본즉 너희가 너희의 하나님 여호와께 범죄하여 자기를 위하여 송아지
를 부어 만들어서 여호와께서 명령하신 도를 빨리 떠났기로

9:20 여호와께서 또 아론에게 진노하사 그를 멸하려 하셨으므로 내가 그 때에도
아론을 위하여 기도하고

9:21 너희의 죄 곧 너희가 만든 송아지를 가져다가 불살라 찧고 티끌 같이 가늘
게 갈아 그 가루를 산에서 흘러내리는 시내에 뿌렸느니라

시편 92-93편 | 큰 일을 행하심

92:1-3 지존자여 십현금과 비파와 수금으로 여호와께 감사하며 주의 이름을 찬
양하고 아침마다 주의 인자하심을 알리며 밤마다 주의 성실하심을 베풂이 좋으
니이다

92:6 어리석은 자도 알지 못하며 무지한 자도 이를 깨닫지 못하나이다

92:7 악인들은 풀 같이 자라고 악을 행하는 자들은 다 흥왕할지라도 영원히 멸
망하리이다

93:2 주의 보좌는 예로부터 견고히 섰으며 주는 영원부터 계셨나이다

93:3 여호와여 큰 물이 소리를 높였고 큰 물이 그 소리를 높였으니 큰 물이 그 물
결을 높이나이다

93:4 높이 계신 여호와의 능력은 많은 물 소리와 바다의 큰 파도보다 크니이다

오늘의 찬양
찬송가 400장 | 내 맘에 한 노래 있어

맥체인성경365
860p

말씀 연결 응답과 구원 (사 37, 계 7)

이사야 37장 | 기도에 응답하심

37:3 그들이 이사야에게 이르되 히스기야의 말씀에 오늘은 환난과 책벌과 능욕의 날이라 아이를 낳으려 하나 해산할 힘이 없음 같도다

37:4 당신의 하나님 여호와께서 랍사게의 말을 들으셨을 것이라 그가 그의 상전 앗수르 왕의 보냄을 받고 살아 계시는 하나님을 훼방하였은즉 당신의 하나님 여호와께서 혹시 그 말로 말미암아 견책하실까 하노라 그런즉 바라건대 당신은 이 남아 있는 자를 위하여 기도하라 하시더이다 하니라

37:7 보라 내가 영을 그의 속에 두리니 그가 소문을 듣고 그의 고국으로 돌아갈 것이며 또 내가 그를 그의 고국에서 칼에 죽게 하리라 하셨느니라 하니라

37:22 여호와께서 그에 대하여 이같이 이르시되 처녀 딸 시온이 너를 멸시하며 조소하였고 딸 예루살렘이 너를 향하여 머리를 흔들었느니라

37:27 그러므로 그 주민들이 힘이 약하여 놀라며 수치를 당하여 들의 풀 같이, 푸른 나물 같이, 지붕의 풀 같이, 자라지 못한 곡초 같이 되었느니라

37:32 이는 남은 자가 예루살렘에서 나오며 피하는 자가 시온 산에서 나올 것임이라 만군의 여호와의 열심이 이를 이루시리이다

요한계시록 7장 | 어린 양의 구원하심

7:9 이 일 후에 내가 보니 각 나라와 족속과 백성과 방언에서 아무도 능히 셀 수 없는 큰 무리가 나와 흰 옷을 입고 손에 종려 가지를 들고 보좌 앞과 어린 양 앞에 서서

7:13 장로 중 하나가 응답하여 나에게 이르되 이 흰 옷 입은 자들이 누구며 또 어디서 왔느냐

7:14 내가 말하기를 내 주여 당신이 아시나이다 하니 그가 나에게 이르되 이는 큰 환난에서 나오는 자들인데 어린 양의 피에 그 옷을 씻어 희게 하였느니라

묵상 가이드

신 9장 하나님 안에서의 은혜를 보여 줍니다. 하나님께서 가나안 땅의 민족들을 쫓아내시고 백성들에게 아름다운 땅을 기업으로 주심은 백성들에게 이유가 있지 않고 오직 하나님께 있다는 말씀입니다. 하나님을 떠나지 않고 그 약속을 버리지 않으면, 하나님의 약속을 이루시는 은혜를 누릴 수 있습니다.

시 92편 하나님 안에서의 번성을 보여 줍니다. 당장은 악인들이 흥왕하는 것처럼 보여도 결국에는 영원히 멸망하고, 의인 곧 하나님의 뜰 안에 있는 사람들에게 번성과 성장의 축복이 있게 된다는 것입니다. 하나님을 떠나지 말고 하나님의 말씀을 따라 의의 길을 걸어가라고 말씀하고 있습니다.

사 37장 하나님 안에서의 응답을 보여 줍니다. 앗수르의 산헤립 왕이 유다와 예루살렘을 공격하며 항복을 권유했습니다. 그러나 히스기야 왕은 하나님의 구원을 믿으며 포기하지 않고 기도했고, 이를 통해 하나님의 응답을 받았습니다. 그리고 그 약속대로, 하나님께서 앗수르의 군대를 물리쳐주셨고, 이스라엘은 승리를 경험할 수 있었습니다.

계 7장 여섯 번째 재앙의 심판이 내려지고 이후 더 큰 심판을 앞둔 상황에서 하나님 안에서의 보호를 보여 줍니다. 하나님의 백성들은 이마에 인을 쳐서 심판 중에 그 백성들을 보호하신다는 말씀입니다. 심판의 재앙 중에서 하나님을 믿는 사람들은 하나님의 보호하심을 받는다고 말씀하고 있습니다.

더 깊은 묵상

하나님 안에 거하기만 하면 됩니다. 믿음으로 약속을 붙들고 그 안에서 흔들리지 않으면 어떤 환난과 심판에서도 보호하심의 축복을 누릴 수 있습니다. 죄를 용서하시고, 기도에 응답하시며, 그 안에서 승리케 하시고 번성케 하시는 축복을 누릴 수 있습니다.

기도와 적용

말씀기도

❶ 어떤 환난과 위기 속에서도 끝까지 하나님을 의지하고 기도하여 승리를 경험하게 하소서.
❷ 하나님의 인치심으로 참혹한 심판 중에도 돌보심의 은혜를 누리게 하소서.
❸ 하나님의 집에서 돌보심으로 번성의 축복을 누리게 하소서.

나의 적용

오늘의 감사

믿음으로 감사

소망으로 감사

사랑으로 감사

말씀암송

시 93:2 주의 □□는 예로부터 견고히 섰으며 주는 □□부터 계셨나이다

말씀배경 지식

디르하가 (사 37:9)
애굽의 제25왕조 곧 에티오피아 왕조의 제3대 왕이자 마지막 왕으로 팔레스타인의 지배를 놓고 앗수르 왕들과 겨루던 인물이다. 그는 히스기야가 앗수르의 산헤립에게 공격을 받자 유다를 도우려고 왔었다. 산헤립이 승리했지만 큰 손실을 입어 앗수르로 귀국할 수밖에 없게 된다. 이후 한동안 앗수르의 위협에서 벗어나기는 했지만 산헤립의 아들 에살핫돈에 의해 1차 패배하여 누비아로 도피했다.

제 잔이 넘치나이다
시 23:1-6

주님,
주님은 저의 목자,
전 이제 부족함이 없습니다!

주님,
주님께서는 저를 푸른 초장에 누이시며,
쉴 만한 물 가로 이끄십니다.
제 영혼을 소생시키시고,
주님의 이름을 위하여 의의 길로 이끄십니다.

제가 사망의 음침한 골짜기로 다닐지라도,
해를 두려워하지 않을 것은,
주님께서 저와 함께 하시기 때문입니다.
주님의 지팡이와 막대기가 저를 안위하십니다.

주님께서 제 원수의 목전에서
제게 상을 베푸시고,
기름으로 제 머리에 바르셨으니,
제 잔이 넘쳐 납니다.
저의 평생에 선하심과 인자하심이
정녕 저를 따르리니,
제가 주님의 집에 영원히 거할 것입니다. 아멘.

목마른 사슴의 노래 / 아침

157 일차 / 365

6월 6일

하나님의 심판

신명기 10장 | 시편 94편 | 이사야 38장 | 요한계시록 8장

말씀 연결 회복과 심판 (신 10, 시 94)

신명기 10장 | 진노와 회복

10:9 그러므로 레위는 그의 형제 중에 분깃이 없으며 기업이 없고 네 하나님 여호와께서 그에게 말씀하심 같이 여호와가 그의 기업이시니라)

10:11 여호와께서 내게 이르시되 일어나서 백성보다 먼저 길을 떠나라 내가 그들에게 주리라고 그들의 조상들에게 맹세한 땅에 그들이 들어가서 그것을 차지하리라 하셨느니라

10:13 내가 오늘 네 행복을 위하여 네게 명하는 여호와의 명령과 규례를 지킬 것이 아니냐

10:14 하늘과 모든 하늘의 하늘과 땅과 그 위의 만물은 본래 네 하나님 여호와께 속한 것이로되

10:16 그러므로 너희는 마음에 할례를 행하고 다시는 목을 곧게 하지 말라

시편 94편 | 의로 돌아가는 심판

94:9 귀를 지으신 이가 듣지 아니하시랴 눈을 만드신 이가 보지 아니하시랴

94:18 여호와여 나의 발이 미끄러진다고 말할 때에 주의 인자하심이 나를 붙드셨사오며

94:20 율례를 빙자하고 재난을 꾸미는 악한 재판장이 어찌 주와 어울리리이까

오늘의 찬양
찬송가 252장 | 나의 죄를 씻기는

맥체인성경365
866p

말씀 연결 치료와 심판 (사 38, 계 8)

이사야 38장 | 병을 주시고 치료하심

38:8 보라 아하스의 해시계에 나아갔던 해 그림자를 뒤로 십 도를 물러가게 하리라 하셨다 하라 하시더니 이에 해시계에 나아갔던 해의 그림자가 십 도를 물러가니라

38:9 유다 왕 히스기야가 병들었다가 그의 병이 나은 때에 기록한 글이 이러하니라

38:17 보옵소서 내게 큰 고통을 더하신 것은 내게 평안을 주려 하심이라 주께서 내 영혼을 사랑하사 멸망의 구덩이에서 건지셨고 내 모든 죄를 주의 등 뒤에 던지셨나이다

38:21 이사야가 이르기를 한 뭉치 무화과를 가져다가 종처에 붙이면 왕이 나으리라 하였고

요한계시록 8장 | 일곱 인과 일곱 나팔 심판

8:3 또 다른 천사가 와서 제단 곁에 서서 금 향로를 가지고 많은 향을 받았으니 이는 모든 성도의 기도와 합하여 보좌 앞 금 제단에 드리고자 함이라

8:7 첫째 천사가 나팔을 부니 피 섞인 우박과 불이 나와서 땅에 쏟아지매 땅의 삼분의 일이 타 버리고 수목의 삼분의 일도 타 버리고 각종 푸른 풀도 타 버렸더라

8:11 이 별 이름은 쓴 쑥이라 물의 삼분의 일이 쓴 쑥이 되매 그 물이 쓴 물이 되므로 많은 사람이 죽더라

8:13 내가 또 보고 들으니 공중에 날아가는 독수리가 큰 소리로 이르되 땅에 사는 자들에게 화, 화, 화가 있으리니 이는 세 천사들이 불어야 할 나팔 소리가 남아 있음이로다 하더라

묵상 가이드

신 10장 하나님께서 들으시는 중보기도를 보여 줍니다. 백성들의 죄를 용서해 달라는 모세의 중보기도에 하나님께서 응답하셨다는 말씀입니다. 모세가 백성들을 위해 생명 걸고 기도한 것처럼 우리도 이웃을 위해, 함께 믿음의 삶을 살아가는 신앙의 동료들을 위해 힘을 다해 기도해야 함을 말씀하고 있습니다.

시 94편 하나님의 응답과 도움을 고백하며 하나님께서 들으시는 믿음의 기도를 보여 줍니다. 포기하지 않는 믿음의 기도가 하나님의 응답으로 반드시 이어진다는 것입니다. 하나님을 바라보는 믿음의 기도에 하나님은 반드시 응답하신다는 것을 말씀하고 있습니다.

사 38장 하나님께서 들으시는 눈물의 기도를 보여 줍니다. 후사가 없이 병이 들어 죽음을 눈앞에 두었던 히스기야 왕이 얼굴을 벽으로 향하고 간절히 하나님의 은혜를 구하며 기도했고 그 기도에 하나님께서 응답하신 말씀입니다. 히스기야에게 15년의 생명을 연장해 주시며, 앗수르의 위협에서도 돌보시고 구원하실 것을 약속하십니다.

계 8장 하나님 앞에 올라가는 성도의 기도를 보여 줍니다. 천사가 금 향로에 모든 성도의 기도를 담아 하나님의 보좌 앞에 드리게 된다는 말씀입니다. 우리가 드리는 모든 기도가 헛되이 사라지지 않고 하나님 앞에 올라감을 말씀하고 있습니다.

더 깊은 묵상

우리의 기도는 헛되이 사라지지 않고 천사를 통해 하나님의 보좌 앞까지 올라갑니다. 하나님은 그 기도를 들으십니다. 따라서 심판하시지만, 다시 회복하시는 주님을 믿으며 포기하지 않고 기도하고, 눈물로 간절히 기도해야 합니다. 우리의 이웃을 위해 기도하고 또 기도해야 합니다.

기도와 적용

말씀기도

❶ 우리의 기도가 헛되이 사라지지 않고 천사를 통해 하나님 앞에 올라감을 기억하게 하소서.
❷ 히스기야처럼 간절히 눈물로 기도하여 응답을 누리게 하소서.
❸ 우리 자신을 위한 기도를 넘어서 이웃을 위해 힘을 다해 기도하게 하소서.

나의 적용

오늘의 감사

믿음으로 감사

소망으로 감사

사랑으로 감사

말씀암송

시 94:9 [ ]를 지으신 이가 듣지 아니하시랴 [ ]을 만드신 이가 보지 아니하시랴

말씀배경 지식

십계명의 돌판은 왜 두 개인가? (신 10:1-5)

이것은 그 당시에 조약을 맺을 때 흔히 이행하던 절차였다. 십계명은 두 개의 돌판에 나누어져 기록된 것이 아니라 각각의 돌판에 똑같이 기록되었을 것이다. 말하자면 두 개의 돌판은 똑같은 내용을 적은 사본과도 같다. 하나는 외국의 지배자(이 경우에는 하나님)를 위한 것이고, 나머지 하나는 복종할 의무가 있는 속국(이 경우는 이스라엘)을 위한 것이었다. 성경 시대의 관습에 따르면, 체결된 조약의 기록은 그 조약을 맺은 당사자들 각자가 섬기는 신의 신전에 보관해야 했다. 이스라엘과의 조약에서 쌍방의 신은 하나님이었기 때문에 두 개의 돌판은 하나님의 임재를 상징하는 지성소의 언약궤 안에 보관되었다(히 9:3-4).

158 일차 365

6월 7일

지켜야 할 것과 경배할 이

신명기 11장 | 시 95- 96편 | 이사야 39장 | 요한계시록 9장

말씀 연결 약속과 찬양 (신 11, 시 95-96)

신명기 11장 | 말씀과 약속의 땅

11:2 너희의 자녀는 알지도 못하고 보지도 못하였으나 너희가 오늘날 기억할 것은 너희의 하나님 여호와의 교훈과 그의 위엄과 그의 강한 손과 펴신 팔과

11:3 애굽에서 그 왕 바로와 그 전국에 행하신 이적과 기사와

11:6 르우벤 자손 엘리압의 아들 다단과 아비람에게 하신 일 곧 땅이 입을 벌려서 그들과 그들의 가족과 그들의 장막과 그들을 따르는 온 이스라엘의 한가운데에서 모든 것을 삼키게 하신 일이라

11:10 네가 들어가 차지하려 하는 땅은 네가 나온 애굽 땅과 같지 아니하니 거기에서는 너희가 파종한 후에 발로 물 대기를 채소밭에 댐과 같이 하였거니와

11:12 네 하나님 여호와께서 돌보아 주시는 땅이라 연초부터 연말까지 네 하나님 여호와의 눈이 항상 그 위에 있느니라

11:14 여호와께서 너희의 땅에 이른 비, 늦은 비를 적당한 때에 내리시리니 너희가 곡식과 포도주와 기름을 얻을 것이요

11:20 또 네 집 문설주와 바깥 문에 기록하라

11:21 그리하면 여호와께서 너희 조상들에게 주리라고 맹세하신 땅에서 너희의 날과 너희의 자녀의 날이 많아서 하늘이 땅을 덮는 날과 같으리라

시 95- 96편 | 창조주 하나님만 찬양함

95:1 오라 우리가 여호와께 노래하며 우리의 구원의 반석을 향하여 즐거이 외치자

95:3 여호와는 크신 하나님이시요 모든 신들보다 크신 왕이시기 때문이로다

95:8 너희는 므리바에서와 같이 또 광야의 맛사에서 지냈던 날과 같이 너희 마음을 완악하게 하지 말지어다

96:1 새 노래로 여호와께 노래하라 온 땅이여 여호와께 노래할지어다

96:5 만국의 모든 신들은 우상들이지만 여호와께서는 하늘을 지으셨음이로다

96:7 만국의 족속들아 영광과 권능을 여호와께 돌릴지어다 여호와께 돌릴지어다

말씀 연결 지켜야 할 것과 인침 받음 (사 39, 계 9)

이사야 39장 | 지켜야 할 것(기쁨)

39:1 그 때에 발라단의 아들 바벨론 왕 므로닥발라단이 히스기야가 병 들었다가
나았다 함을 듣고 히스기야에게 글과 예물을 보낸지라

39:2 히스기야가 사자들로 말미암아 기뻐하여 그들에게 보물 창고 곧 은금과 향
료와 보배로운 기름과 모든 무기고에 있는 것을 다 보여 주었으니 히스기야가 궁
중의 소유와 전 국내의 소유를 보이지 아니한 것이 없는지라

39:6 보라 날이 이르리니 네 집에 있는 모든 소유와 네 조상들이 오늘까지 쌓아
둔 것이 모두 바벨론으로 옮긴 바 되고 남을 것이 없으리라 여호와의 말이니라

39:7 또 네게서 태어날 자손 중에서 몇이 사로잡혀 바벨론 왕궁의 환관이 되리
라 하셨나이다 하니

요한계시록 9장 | 인침 받지 않은 자들

9:11 그들에게 왕이 있으니 무저갱의 사자라 히브리어로는 그 이름이 아바돈이요
헬라어로는 그 이름이 아볼루온이더라

9:14 나팔 가진 여섯째 천사에게 말하기를 큰 강 유브라데에 결박한 네 천사를 놓
아 주라 하매

9:16 마병대의 수는 이만 만이니 내가 그들의 수를 들었노라

9:17 이같은 환상 가운데 그 말들과 그 위에 탄 자들을 보니 불빛과 자줏빛과 유황
빛 호심경이 있고 또 말들의 머리는 사자 머리 같고 그 입에서는 불과 연기와 유황
이 나오더라

9:20 이 재앙에 죽지 않고 남은 사람들은 손으로 행한 일을 회개하지 아니하고 오
히려 여러 귀신과 또는 보거나 듣거나 다니거나 하지 못하는 금, 은, 동과 목석의 우
상에게 절하고

묵상 가이드

신 11장 불순종으로 인한 저주를 보여 줍니다. 축복과 저주, 번영과 실패가 하나님의 말씀에 대한 순종 여부에 달려 있다는 말씀입니다. 하나님의 말씀에 순종하는 것이 복을 누리는 길입니다. 오직 말씀에 순종할 때에 땅에서 장구하며 번성하게 됨을 말씀하고 있습니다. 그러나 하나님의 명령에서 돌이켜 그 말씀을 듣지 않으면 저주를 받게 된다는 것입니다.

시 95-96편 95편은 성전 예배 시에 즐겨 불리던 감사와 경배의 시로 모든 신들 위에 뛰어나신 하나님의 주권을 찬양하라고 권고하며 불신으로 인한 저주를 보여 줍니다. 96편은 하나님의 거룩한 통치를 경배하는 찬양시로 창조주의 위대하심을 찬양하고 영광을 돌리는 말씀입니다.

사 39장 교만으로 인한 저주를 보여 줍니다. 히스기야 왕의 교만으로 인한 실수와 이로 인한 하나님의 심판이 선언된 말씀입니다. 히스기야 왕이 바벨론이 보낸 사신을 맞이하며 모든 궁전의 창고와 무기고에 있는 것을 보여 주며 자만했습니다. 이로 인해 하나님의 심판이 선언되고 교만함으로 보여 주었던 모든 소유와 쌓아둔 보물들을 바벨론에 빼앗기게 된다고 말씀하고 있습니다.

계 9장 다섯 번째와 여섯 번째 나팔 재앙으로 불의함으로 인한 저주를 보여 줍니다. 이마에 인침을 받은 사람들은 하나님의 심판에서 보호받고, 인침을 받지 못한 사람들, 곧 하나님을 믿지 아니하는 불의한 사람들에게 저주의 참혹한 심판이 내려진다는 말씀입니다.

더 깊은 묵상

하나님은 우리 앞에 축복과 저주를 두셨습니다. 교만과 불의와 불신과 불순종은 하나님의 저주를 불러와 참혹한 심판에 이르게 합니다. 따라서 천지의 창조주이신 하나님만 찬양하며, 자신의 모든 악함을 회개하고 하나님의 말씀에 순종하며 살아야 합니다. 겸손과 믿음과 순종으로 저주가 아닌 축복을 누려야 합니다. 하나님의 종으로 인침 받고 보호하심의 은혜를 누려야 합니다.

기도와 적용

말씀기도

❶ 말씀에 순종함으로 주께서 약속하신 땅에서 번성과 승리의 축복을 누리게 하소서.

❷ 교만하여 넘어지지 않게 하시고 겸손함으로 하나님의 은혜와 축복 안에 거하게 하소서.

❸ 불의함에서 떠나 하나님의 종으로 인침 받고 주의 보호하심의 은혜를 누리게 하소서.

나의 적용

오늘의 감사

믿음으로 감사

소망으로 감사

사랑으로 감사

말씀암송

시 11:14 여호와께서 너희의 땅에 ☐☐ ☐, ☐☐ ☐를 적당한 때에 내리시리니 너희가 곡식과 포도주와 기름을 얻을 것이요

말씀배경 지식

므로닥발라단 (사 39:1)

므로닥(바벨론의 신)이 한 아들을 주었다. 그는 앗수르의 사르곤이나 산헤립 왕과 동시대 인물로 두 번 바벨론의 왕위에 오른다. 한편 본문의 방문은 기원전 703년에서 701년 사이에 이뤄진 것으로 앗수르에 대항하여 유다와 동맹을 맺기 위해서였다.

159 일차 365

6월 8일

여호와를 앙망함

신명기 12장 | 시편 97-98편 | 이사야 40장 | 요한계시록 10장

말씀 연결 규례와 법도, 하나님을 찬양 (신 12, 시 97-98)

신명기 12장 | 평생에 지켜 행할 규례와 법도

12:5 오직 너희의 하나님 여호와께서 자기의 이름을 두시려고 너희 모든 지파 중에서 택하신 곳인 그 계실 곳으로 찾아 나아가서

12:6 너희의 번제와 너희의 제물과 너희의 십일조와 너희 손의 거제와 너희의 서원제와 낙헌 예물과 너희 소와 양의 처음 난 것들을 너희는 그리로 가져다가 드리고

12:17 너는 곡식과 포도주와 기름의 십일조와 네 소와 양의 처음 난 것과 네 서원을 갚는 예물과 네 낙헌 예물과 네 손의 거제물은 네 각 성에서 먹지 말고

12:20 네 하나님 여호와께서 네게 허락하신 대로 네 지경을 넓히신 후에 네 마음에 고기를 먹고자 하여 이르기를 내가 고기를 먹으리라 하면 네가 언제나 마음에 원하는 만큼 고기를 먹을 수 있으리니

12:30 너는 스스로 삼가 네 앞에서 멸망한 그들의 자취를 밟아 올무에 걸리지 말라 또 그들의 신을 탐구하여 이르기를 이 민족들은 그 신들을 어떻게 섬겼는고 나도 그와 같이 하겠다 하지 말라

12:31 네 하나님 여호와께는 네가 그와 같이 행하지 못할 것이라 그들은 여호와께서 꺼리시며 가증히 여기시는 일을 그들의 신들에게 행하여 심지어 자기들의 자녀를 불살라 그들의 신들에게 드렸느니라

시편 97-98편 | 온 땅 위에 지존하신 하나님만 찬양함

97:2 구름과 흑암이 그를 둘렀고 의와 공평이 그의 보좌의 기초로다

97:7 조각한 신상을 섬기며 허무한 것으로 자랑하는 자는 다 수치를 당할 것이라 너희 신들아 여호와께 경배할지어다

98:1 새 노래로 여호와께 찬송하라 그는 기이한 일을 행하사 그의 오른손과 거룩한 팔로 자기를 위하여 구원을 베푸셨음이로다

98:8 여호와 앞에서 큰 물은 박수할지어다 산악이 함께 즐겁게 노래할지어다

98:9 그가 땅을 심판하러 임하실 것임이로다 그가 의로 세계를 판단하시며 공평으로 그의 백성을 심판하시리로다

오늘의 찬양
찬송가 420장 | 너 성결키 위해

맥체인성경365
874p

말씀 연결 새 힘과 방언 (사 40, 계 10)

이사야 40장 | 새 힘을 얻음

40:1 너희의 하나님이 이르시되 너희는 위로하라 내 백성을 위로하라

40:4 골짜기마다 돋우어지며 산마다, 언덕마다 낮아지며 고르지 아니한 곳이 평
탄하게 되며 험한 곳이 평지가 될 것이요

40:9 아름다운 소식을 시온에 전하는 자여 너는 높은 산에 오르라 아름다운 소
식을 예루살렘에 전하는 자여 너는 힘써 소리를 높이라 두려워하지 말고 소리를
높여 유다의 성읍들에게 이르기를 너희의 하나님을 보라 하라

40:10 보라 주 여호와께서 장차 강한 자로 임하실 것이요 친히 그의 팔로 다스리
실 것이라 보라 상급이 그에게 있고 보응이 그의 앞에 있으며

40:11 그는 목자 같이 양 떼를 먹이시며 어린 양을 그 팔로 모아 품에 안으시며
젖먹이는 암컷들을 온순히 인도하시리로다

40:19 우상은 장인이 부어 만들었고 장색이 금으로 입혔고 또 은 사슬을 만든 것
이니라

40:27 야곱아 어찌하여 네가 말하며 이스라엘아 네가 이르기를 내 길은 여호와
께 숨겨졌으며 내 송사는 내 하나님에게서 벗어난다 하느냐

40:31 오직 여호와를 앙망하는 자는 새 힘을 얻으리니 독수리가 날개치며 올라
감 같을 것이요 달음박질하여도 곤비하지 아니하겠고 걸어가도 피곤하지 아니
하리로다

요한계시록 10장 | 많은 백성과 나라와 방언과 임금에게 다시 예언함

10:1 내가 또 보니 힘 센 다른 천사가 구름을 입고 하늘에서 내려오는데 그 머리 위
에 무지개가 있고 그 얼굴은 해 같고 그 발은 불기둥 같으며

10:4 일곱 우레가 말을 할 때에 내가 기록하려고 하다가 곧 들으니 하늘에서 소리
가 나서 말하기를 일곱 우레가 말한 것을 인봉하고 기록하지 말라 하더라

10:9 내가 천사에게 나아가 작은 두루마리를 달라 한즉 천사가 이르되 갖다 먹어
버리라 네 배에는 쓰나 네 입에는 꿀 같이 달리라 하거늘

묵상 가이드

신 12장 이스라엘이 가나안 땅에 정착하여 지켜야 할 각종 성결에 대한 규례로 영원한 축복을 보여 줍니다. 하나님께서 약속하신 땅에 이르러 하나님을 예배하며 그 말씀에 따라 살아가면, 현재 말씀을 듣고 있는 백성들뿐만 아니라 그 후손들까지 복을 누리게 된다고 말씀하고 있습니다.

시 97-98편 온 세상을 심판하시는 엄위하신 하나님께서 의로운 통치로 세상을 공평하게 심판하신 일에 대해 찬양하며 하나님의 구원 역사가 이방까지 확장될 것을 말씀하고 있습니다. 하나님만이 이 세상의 참된 통치자요 유일한 통치자이신 것을 보여 줍니다.

사 40장 바벨론 포로에서 구원해주실 것이라는 하나님의 약속과 구원의 능력을 확인시켜주면서 영원하신 말씀을 보여 줍니다. 우리 인생은 풀이나 꽃과 같아서 풀이 마르고 꽃이 시듦과 같이 마르고 시든다는 것입니다. 따라서 영원한 하나님의 말씀을 붙들고 그 말씀에 순종하는 삶을 살아야 한다고 말씀하고 있습니다.

계 10장 일곱째 천사가 부는 나팔로 시작되는 일곱 대접의 재앙을 통해 영원하신 하나님을 보여 줍니다. 구름을 입고 하늘에서 내려온 힘 센 천사가 하나님을 가리켜 맹세한 말씀으로 하나님은 세세토록 살아 계신 분이요, 모든 세상을 창조하신 분이심을 말씀하고 있습니다.

더 깊은 묵상

영원 전부터 영원토록 살아계신 하나님은 창조하신 이 세상을 영원토록 통치하십니다. 마르거나 시들지 않는 영원한 말씀으로 영원한 축복을 주십니다. 따라서 헛되고 유한한 세상이 아니라 영원하신 하나님께 소망을 두고 그 통치를 기뻐하며 평생 주의 말씀을 지키고 온 땅 위에 지존하신 하나님만 찬양하며 여호와를 앙망하는 자에게 주시는 새 힘을 공급받고 하나님만을 전하는 삶이 되어야 합니다.

기도와 적용

말씀기도

❶ 오직 영원한 하나님의 말씀을 붙들고, 그 말씀에 순종하며 살게 하소서.
❷ 하나님의 말씀에 철저히 순종하여 자녀들에게까지 이르는 복을 받아 누리게 하소서.
❸ 하나님의 통치 안에 거하여 우리의 영혼을 보존하시는 은혜를 누리게 하소서.

나의 적용

오늘의 감사

믿음으로 감사

소망으로 감사

사랑으로 감사

말씀암송

사 40:1 너희의 하나님이 이르시되 너희는 □□□ □ 내 백성을 □□□□

말씀배경 지식

피를 먹지 못하도록 금지한 이유는 무엇인가? (신 12:16)

첫째는 육체의 생명이 피에 있기 때문, 둘째는 하나님이 주신 생명은 누구도 손댈 수 없기 때문, 셋째로 생명의 근원인 피로써 죄를 대속할 수 있기 때문, 넷째로 피를 마시는 행위는 이교도의 가증한 풍습이기 때문이다.

160 일차 / 365

6월 9일

하나님의 통치

신명기 13-14장 | 시편 99-101편 | 이사야 41장 | 요한계시록 11장

말씀 연결 말씀을 들음과 예배함 (신 13-14, 시 99-101)

신명기 13-14장 | 여호와의 말씀을 들음

13:7 곧 네 사방을 둘러싸고 있는 민족 혹 네게서 가깝든지 네게서 멀든지 땅 이 끝에서 저 끝까지에 있는 민족의 신들을 우리가 가서 섬기자 할지라도

13:10 그는 애굽 땅 종 되었던 집에서 너를 인도하여 내신 네 하나님 여호와에게서 너를 꾀어 떠나게 하려 한 자이니 너는 돌로 쳐죽이라

13:13 너희 가운데서 어떤 불량배가 일어나서 그 성읍 주민을 유혹하여 이르기를 너희가 알지 못하던 다른 신들을 우리가 가서 섬기자 한다 하거든

13:17 너는 이 진멸할 물건을 조금도 네 손에 대지 말라 그리하면 여호와께서 그의 진노를 그치시고 너를 긍휼히 여기시고 자비를 더하사 네 조상들에게 맹세하심 같이 너를 번성하게 하실 것이라

14:1 너희는 너희 하나님 여호와의 자녀이니 죽은 자를 위하여 자기 몸을 베지 말며 눈썹 사이 이마 위의 털을 밀지 말라

14:7 다만 새김질을 하거나 굽이 갈라진 짐승 중에도 너희가 먹지 못할 것은 이것이니 곧 낙타와 토끼와 사반, 그것들은 새김질은 하나 굽이 갈라지지 아니하였으니 너희에게 부정하고

시편 99-101편 | 하나님을 높이고 예배함

99:1 여호와께서 다스리시니 만민이 떨 것이요 여호와께서 그룹 사이에 좌정하시니 땅이 흔들릴 것이로다

99:5 너희는 여호와 우리 하나님을 높여 그의 발등상 앞에서 경배할지어다 그는 거룩하시도다

99:6 그의 제사장들 중에는 모세와 아론이 있고 그의 이름을 부르는 자들 중에는 사무엘이 있도다 그들이 여호와께 간구하매 응답하셨도다

100:4 감사함으로 그의 문에 들어가며 찬송함으로 그의 궁정에 들어가서 그에게 감사하며 그의 이름을 송축할지어다

101:1 내가 인자와 정의를 노래하겠나이다 여호와여 내가 주께 찬양하리이다

101:8 아침마다 내가 이 땅의 모든 악인을 멸하리니 악을 행하는 자는 여호와의 성에서 다 끊어지리로다

오늘의 찬양
찬송가 29장 | 성도여 다 함께

맥체인성경365
879p

말씀 연결 함께하심과 그리스도의 나라 (사 41, 계 11)

이사야 41장 | 함께 하심

41:1 섬들아 내 앞에 잠잠하라 민족들아 힘을 새롭게 하라 가까이 나아오라 그
리고 말하라 우리가 서로 재판 자리에 가까이 나아가자

41:2 누가 동방에서 사람을 일깨워서 공의로 그를 불러 자기 발 앞에 이르게 하
였느냐 열국을 그의 앞에 넘겨 주며 그가 왕들을 다스리게 하되 그들이 그의 칼
에 티끌 같게, 그의 활에 불리는 초개 같게 하매

41:5 섬들이 보고 두려워하며 땅 끝이 무서워 떨며 함께 모여 와서

41:8 그러나 나의 종 너 이스라엘아 내가 택한 야곱아 나의 벗 아브라함의 자손아

41:10 두려워하지 말라 내가 너와 함께 함이라 놀라지 말라 나는 네 하나님이 됨
이라 내가 너를 굳세게 하리라 참으로 너를 도와 주리라 참으로 나의 의로운 오
른손으로 너를 붙들리라

41:18 내가 헐벗은 산에 강을 내며 골짜기 가운데에 샘이 나게 하며 광야가 못이
되게 하며 마른 땅이 샘 근원이 되게 할 것이며

41:28 내가 본즉 한 사람도 없으며 내가 물어도 그들 가운데에 한 말도 대답할
조언자가 없도다

요한계시록 11장 | 우리 주와 그의 그리스도의 나라

11:3 내가 나의 두 증인에게 권세를 주리니 그들이 굵은 베옷을 입고 천이백육십
일을 예언하리라

11:4 그들은 이 땅의 주 앞에 서 있는 두 감람나무와 두 촛대니

11:7 그들이 그 증언을 마칠 때에 무저갱으로부터 올라오는 짐승이 그들과 더불어
전쟁을 일으켜 그들을 이기고 그들을 죽일 터인즉

11:8 그들의 시체가 큰 성 길에 있으리니 그 성은 영적으로 하면 소돔이라고도 하
고 애굽이라고도 하니 곧 그들의 주께서 십자가에 못 박히신 곳이라

11:13 그 때에 큰 지진이 나서 성 십분의 일이 무너지고 지진에 죽은 사람이 칠천
이라 그 남은 자들이 두려워하여 영광을 하늘의 하나님께 돌리더라

11:15 일곱째 천사가 나팔을 불매 하늘에 큰 음성들이 나서 이르되 세상 나라가 우
리 주와 그의 그리스도의 나라가 되어 그가 세세토록 왕 노릇 하시리로다 하니

묵상 가이드

신 13-14장 믿음의 삶에는 유혹이 있지만, 유혹에 넘어지지 말고 이겨야 함을 보여 줍니다. 13장에서 모세는 보다 강한 어조로 거짓 선지자들을 멀리하고 우상을 철저하게 배격함으로 신앙의 순수성을 유지하라고 말씀하고 있습니다. 그리고 14장에서는 구별된 삶을 살아야 하는데 슬픔과 기쁨의 감정도 타락한 이방 우상의 악행을 버려야 한다고 말씀합니다.

시 99-101편 여호와 하나님이 우리의 통치자 되심을 전하는 말씀을 통해 믿음의 대상을 보여 줍니다. 하나님은 우리의 창조주이실 뿐만 아니라 우리를 기르시고 돌보고 계신다고 말씀하시며 우리가 믿고 의지할 분은 오직 여호와 하나님이시라는 것입니다. 따라서 온 세상을 다스리고 계시는 하나님의 통치에 두려워하며 순종해야 한다는 것입니다.

사 41장 하나님께서 직접 재판장이 되어 열방들을 소환하고 심문하시는 장면을 통해 믿음의 은혜를 보여 줍니다. 믿음으로 하나님을 의지하면 하나님의 도우심의 은혜를 경험하게 된다는 것입니다. 하나님께서 택하신 백성은 오른손으로 붙들어 힘을 주시고 지키시며 모든 대적을 하나님께서 친히 물리치신다는 것입니다. 따라서 하나님의 도우심을 믿고 두려워하지 말라고 전하는 말씀입니다.

계 11장 요한에게 주어진 성전 측량 명령, 두 증인의 역동적 활약상, 무저갱에서 올라온 짐승에 의한 두 증인의 죽음과 부활 등을 통해 믿음의 승리를 보여 줍니다. 핍박 중에도 끝까지 하나님을 믿으면 결국에는 승리의 축복이 있다는 것입니다.

더 깊은 묵상

우리 믿음의 대상은 오직 여호와 하나님이십니다. 믿음의 삶에도 유혹이 있고 환난도 있지만 붙드시고 도우시는 하나님의 은혜로 유혹은 이기고, 끝까지 하나님을 믿음으로 은혜와 승리를 누려야 합니다. 하나님만을 예배하고, 세세토록 예수 그리스도를 왕으로 모시는 존귀한 삶이 되어야 합니다.

기도와 적용

말씀기도

❶ 우리의 창조주요 돌보시고 기르시는 하나님을 더욱 믿고 따르게 하소서.
❷ 하나님의 택한 백성으로 믿음에 굳게 서서 붙드시고 도우시는 힘과 은혜를 누리게 하소서.
❸ 환난과 핍박에도 믿음과 사명의 길을 걷게 하시고, 승리와 영광을 누리게 하소서.

나의 적용

오늘의 감사

믿음으로 감사

소망으로 감사

사랑으로 감사

말씀암송

시 99:5 너희는 여호와 우리 하나님을 높여 그의 ☐☐☐ 앞에서 경배할지어다 그는 ☐☐하시도다

말씀배경 지식

신명기 14장
모세는 이스라엘 백성들에게 하나님께 선택된 거룩한 백성으로서 구별된 삶의 중요성을 강조한다. 먼저 이스라엘 백성들로 하여금 이방인들처럼 몸을 자해하거나 이마 위에 털을 밀지 말 것을 권고한다.

161 일차 365

6월 10일

빈궁한 자를 대적하는 자세

신명기 15장 | 시편 102편 | 이사야 42장 | 요한계시록 12장

말씀 연결 가난함과 빈궁함 (신 15, 시 102)

신명기 15장 | 가난한 형제에게 넉넉히 해야 함

15:2 면제의 규례는 이러하니라 그의 이웃에게 꾸어준 모든 채주는 그것을 면제
하고 그의 이웃에게나 그 형제에게 독촉하지 말지니 이는 여호와를 위하여 면제
를 선포하였음이라

15:4-5 네가 만일 네 하나님 여호와의 말씀만 듣고 내가 오늘 네게 내리는 그 명
령을 다 지켜 행하면 네 하나님 여호와께서 네게 기업으로 주신 땅에서 네가 반
드시 복을 받으리니 너희 중에 가난한 자가 없으리라

15:7 네 하나님 여호와께서 네게 주신 땅 어느 성읍에서든지 가난한 형제가 너
와 함께 거주하거든 그 가난한 형제에게 네 마음을 완악하게 하지 말며 네 손을
움켜 쥐지 말고

15:15 너는 애굽 땅에서 종 되었던 것과 네 하나님 여호와께서 너를 속량하셨음
을 기억하라 그것으로 말미암아 내가 오늘 이같이 네게 명령하노라

15:19 네 소와 양의 처음 난 수컷은 구별하여 네 하나님 여호와께 드릴 것이니
네 소의 첫 새끼는 부리지 말고 네 양의 첫 새끼의 털은 깎지 말고

시편 102편 | 빈궁한 자의 기도를 들으시는 하나님

102:5 나의 탄식 소리로 말미암아 나의 살이 뼈에 붙었나이다

102:9 나는 재를 양식 같이 먹으며 나는 눈물 섞인 물을 마셨나이다

102:11 내 날이 기울어지는 그림자 같고 내가 풀의 시들어짐 같으니이다

102:13 주께서 일어나사 시온을 긍휼히 여기시리니 지금은 그에게 은혜를 베푸
실 때라 정한 기한이 다가옴이니이다

102:18 이 일이 장래 세대를 위하여 기록되리니 창조함을 받을 백성이 여호와
를 찬양하리로다

오늘의 찬양
찬송가 304장 | 그 크신 하나님의 사랑

맥체인성경365
885p

말씀 연결 공의와 생명 (사 42, 계 12)

이사야 42장 | 이방에 공의를 베푸실 자

42:3 상한 갈대를 꺾지 아니하며 꺼져가는 등불을 끄지 아니하고 진실로 정의를
시행할 것이며

42:6 나 여호와가 의로 너를 불렀은즉 내가 네 손을 잡아 너를 보호하며 너를 세
워 백성의 언약과 이방의 빛이 되게 하리니

42:9 보라 전에 예언한 일이 이미 이루어졌느니라 이제 내가 새 일을 알리노라
그 일이 시작되기 전에라도 너희에게 이르노라

42:16 내가 맹인들을 그들이 알지 못하는 길로 이끌며 그들이 알지 못하는 지름
길로 인도하며 암흑이 그 앞에서 광명이 되게 하며 굽은 데를 곧게 할 것이라 내
가 이 일을 행하여 그들을 버리지 아니하리니

42:19 맹인이 누구냐 내 종이 아니냐 누가 내가 보내는 내 사자 같이 못 듣는 자
겠느냐 누가 1)내게 충성된 자 같이 맹인이겠느냐 누가 여호와의 종 같이 맹인이
겠느냐

42:21 여호와께서 그의 의로 말미암아 기쁨으로 교훈을 크게 하며 존귀하게 하
려 하셨으나

요한계시록 12장 | 죽기까지 생명을 아끼지 아니함

12:5 여자가 아들을 낳으니 이는 장차 철장으로 만국을 다스릴 남자라 그 아이를
하나님 앞과 그 보좌 앞으로 올려가더라

12:7 하늘에 전쟁이 있으니 미가엘과 그의 사자들이 용과 더불어 싸울새 용과 그
의 사자들도 싸우나

12:9 큰 용이 내쫓기니 옛 뱀 곧 마귀라고도 하고 사탄이라고도 하며 온 천하를 꾀
는 자라 그가 땅으로 내쫓기니 그의 사자들도 그와 함께 내쫓기니라

12:10 내가 또 들으니 하늘에 큰 음성이 있어 이르되 이제 우리 하나님의 구원과
능력과 나라와 또 그의 그리스도의 권세가 나타났으니 우리 형제들을 참소하던 자
곧 우리 하나님 앞에서 밤낮 참소하던 자가 쫓겨났고

12:14 그 여자가 큰 독수리의 두 날개를 받아 광야 자기 곳으로 날아가 거기서 그
뱀의 낯을 피하여 한 때와 두 때와 반 때를 양육 받으매

묵상 가이드

신 15장 가나안 땅에서 이스라엘이 이웃과 하나님께 대해 반드시 지켜야 할 거룩한 책무에 관한 규례를 통해 연약한 자를 향한 사명을 보여 줍니다. 함께 거주하는 자 중에 가난한 자가 있다면 움켜쥐지 말고 손을 펴서 그가 필요한 대로 넉넉히 꾸어주라는 것입니다.

시 102편 민족의 아픈 현실을 놓고 하나님께 회복을 간구하는 연약한 자의 기도 응답을 보여 줍니다. 하나님 없이 내 힘으로도 충분히 살아갈 수 있다고 교만하며 자기 힘을 의지하는 자는 물리치시고, 하나님의 은혜 없이는 살아갈 수 없다고 겸손히 그 은혜를 구하는 자는 돌보신다는 것입니다.

사 42장 당신의 백성을 도우시는 하나님의 신실함을 통해 연약한 자에게 주시는 구원을 보여 줍니다. 하나님은 연약하다고 버리거나 포기하지 않으십니다. 연약하기에 오히려 더 큰 사랑으로 돌보시고 구원하십니다. 하나님의 정의는 연약한 자의 편에서 그를 구원하시는 것입니다.

계 12장 연약한 자를 향한 돌봄을 보여 줍니다. 곧 요한계시록 12장은 여자와 용에 대한 말씀으로, 용은 하나님을 대적하는 사탄을 가리키고, 여자는 교회를 상징합니다. 사탄은 계속해서 교회를 핍박하며 삼키고자 하지만, 하나님의 돌보심을 통해 그 위기를 벗어남을 말씀하고 있습니다.

더 깊은 묵상

하나님은 겸손히 하나님을 의지하는 연약한 자의 기도를 들으시고 구원하십니다. 세상의 핍박과 고난 중에 있는 연약한 주의 백성들을 보호하십니다. 따라서 교만함을 버리고 겸손함으로 하나님을 의지해야 합니다. 주변의 빈궁한 자들에게 끝까지 생명을 아끼지 않으시고 연약한 지체들과 한 몸을 이루시는 주님을 찬양합니다.

기도와 적용

말씀기도

❶ 하나님을 의지하는 연약한 자로 힘써 기도하게 하소서.
❷ 세상의 핍박에도 하나님을 붙들고 의지하는 믿음에서 흔들리지 않게 하소서.
❸ 가난한 자를 돕는 사명에 힘을 다하게 하시고, 이를 통해 복도 누리게 하소서.

나의 적용

오늘의 감사

믿음으로 감사

소망으로 감사

사랑으로 감사

말씀암송

사 42:3 □□ □□를 꺾지 아니하며 꺼져가는 등불을 끄지 아니하고 진실로 정의를 시행할 것이며

말씀배경 지식

나의 종 (사 42:1)
여호와의 종을 노래한 4대 시가 있다. 그런데 '나의 종'이 누구냐에 대해서는 여러 의견이 있다. 그 첫째가 집단적 이스라엘로 보는 견해, 둘째는 한 개인으로 보는 견해, 그리고 종은 근본적으로 메시야를 가리키되 그 메시야는 이스라엘의 대표자요 동시에 이스라엘의 응결체로 보는 견해 등이다.

162 일차 365

택하심과 경배함

6월 11일

신명기 16장 | 시편 103편 | 이사야 43장 | 요한계시록 13장

말씀 연결 그 이름을 송축함 (신 16, 시 103)

신명기 16장 | 그 이름을 두시려고 택하신 곳

16:1 아빕월을 지켜 네 하나님 여호와께 유월절을 행하라 이는 아빕월에 네 하나님 여호와께서 밤에 너를 애굽에서 인도하여 내셨음이라

16:3 유교병을 그것과 함께 먹지 말고 이레 동안은 무교병 곧 고난의 떡을 그것과 함께 먹으라 이는 네가 애굽 땅에서 급히 나왔음이니 이같이 행하여 네 평생에 항상 네가 애굽 땅에서 나온 날을 기억할 것이니라

16:10 네 하나님 여호와 앞에 칠칠절을 지키되 네 하나님 여호와께서 네게 복을 주신 대로 네 힘을 헤아려 자원하는 예물을 드리고

16:13 너희 타작 마당과 포도주 틀의 소출을 거두어 들인 후에 이레 동안 초막절을 지킬 것이요

16:16 너의 가운데 모든 남자는 일 년에 세 번 곧 무교절과 칠칠절과 초막절에 네 하나님 여호와께서 택하신 곳에서 여호와를 뵈옵되 빈손으로 여호와를 뵈옵지 말고

시편 103편 | 여호와를 송축함

103:1 내 영혼아 여호와를 송축하라 내 속에 있는 것들아 다 그의 거룩한 이름을 송축하라

103:4 네 생명을 파멸에서 속량하시고 인자와 긍휼로 관을 씌우시며

103:5 좋은 것으로 네 소원을 만족하게 하사 네 청춘을 독수리 같이 새롭게 하시는도다

103:7 그의 행위를 모세에게, 그의 행사를 이스라엘 자손에게 알리셨도다

103:8 여호와는 긍휼이 많으시고 은혜로우시며 노하기를 더디 하시고 인자하심이 풍부하시도다

103:14 이는 그가 우리의 체질을 아시며 우리가 단지 먼지뿐임을 기억하심이로다

오늘의 찬양
찬송가 32장 | 만유의 주재

맥체인성경365
890p

말씀 연결 하나님의 경배 (사 43, 계 13)

이사야 43장 | 하나님의 것으로 택하심

43:2 네가 물 가운데로 지날 때에 내가 너와 함께 할 것이라 강을 건널 때에 물이
너를 침몰하지 못할 것이며 네가 불 가운데로 지날 때에 타지도 아니할 것이요
불꽃이 너를 사르지도 못하리니

43:7 내 이름으로 불려지는 모든 자 곧 내가 내 영광을 위하여 창조한 자를 오게
하라 그를 내가 지었고 그를 내가 만들었느니라

43:11 나 곧 나는 여호와라 나 외에 구원자가 없느니라

43:13 과연 태초로부터 나는 그이니 내 손에서 건질 자가 없도다 내가 행하리니
누가 막으리요

43:16 나 여호와가 이같이 말하노라 바다 가운데에 길을, 큰 물 가운데에 지름길
을 내고

43:23 네 번제의 양을 내게로 가져오지 아니하였고 네 제물로 나를 공경하지 아
니하였느니라 나는 제물로 말미암아 너를 수고롭게 하지 아니하였고 유향으로
말미암아 너를 괴롭게 하지 아니하였거늘

요한계시록 13장 | 짐승 경배를 물리침

13:1 내가 보니 바다에서 한 짐승이 나오는데 뿔이 열이요 머리가 일곱이라 그 뿔
에는 열 왕관이 있고 그 머리들에는 신성모독 하는 이름들이 있더라

13:5 또 짐승이 과장되고 신성모독을 말하는 입을 받고 또 마흔두 달 동안 일할 권
세를 받으니라

13:7 또 권세를 받아 성도들과 싸워 이기게 되고 각 족속과 백성과 방언과 나라를
다스리는 권세를 받으니

13:8 죽임을 당한 어린 양의 생명책에 창세 이후로 이름이 기록되지 못하고 이 땅
에 사는 자들은 다 그 짐승에게 경배하리라

13:16 그가 모든 자 곧 작은 자나 큰 자나 부자나 가난한 자나 자유인이나 종들에
게 그 오른손에나 이마에 표를 받게 하고

13:17 누구든지 이 표를 가진 자 외에는 매매를 못하게 하니 이 표는 곧 짐승의 이
름이나 그 이름의 수라

묵상 가이드

신 16장 거룩한 백성인 이스라엘이 언약을 지속시키며 또 거룩함을 유지하기 위한 규례들을 통해 하나님 경외의 마땅한 삶을 보여 줍니다. 이스라엘의 3대 절기인 무교절, 칠칠절, 초막절에 이스라엘의 모든 남자는 반드시 성전에 올라 하나님을 예배해야 한다고 말씀하며 구원과 은혜와 축복의 하나님을 기억하고 예배함으로 하나님을 경외해야 한다는 것입니다.

시 103편 인류를 향한 하나님의 연민과 사랑을 찬양하며 하나님을 경외하는 자에게 주시는 긍휼을 보여 줍니다. 하나님은 하나님을 경외하는 자의 죄를 용서하시며 긍휼히 여기신다는 것입니다. 그리고 하나님을 경외하는 자에게 주시는 하나님의 인자하심 곧 긍휼도 크심을 말씀하고 있습니다.

사 43장 이스라엘을 포기하지 않으시는 하나님의 거룩한 집념과 구원의 의지를 말씀하며 하나님을 경외하지 못한 백성들을 보여 줍니다. 구원과 은혜와 축복의 하나님을 경외함이 마땅함에도 이스라엘 백성들은 하나님을 경외하지 않았다는 것입니다.

계 13장 환난의 강도가 강력해지는 후반기 3년 반 환난을 언급하며 바다에서 나온 짐승의 환상, 땅에서 올라온 짐승을 통해 순교하기까지 하나님을 경외한 성도들을 보여 줍니다. 짐승에게 있는 큰 힘과 권세로 인해 핍박을 당하지만, 하나님에게서 돌아서 짐승을 경배하는 것을 거절한다는 것입니다.

더 깊은 묵상

우리는 마땅히 하나님을 경외해야 합니다. 하나님은 경외하는 자에게 영원한 긍휼의 은혜를 주십니다. 어리석게 하나님을 경외하는 삶에서 돌아서지 말고, 하나님께 택함을 받은 하나님의 자녀임을 믿으며, 오직 살아계신 하나님만 경배하고 악을 버리고 살아가는 삶이 되어야 합니다.

기도와 적용

말씀기도

❶ 우리를 구원하시고 돌보시는 하나님의 은혜를 잊지 말고 경외하는 삶을 살게 하소서.
❷ 힘써 하나님을 경외하겠사오니 하나님의 영원한 긍휼의 은혜를 누리게 하소서.
❸ 생명책에 기록된 성도로서 악한 권세의 핍박에 굴복하지 않게 하시고, 믿음을 지키게 하소서.

나의 적용

오늘의 감사

믿음으로 감사

소망으로 감사

사랑으로 감사

말씀암송

사 43:11 나 곧 나는 [ ][ ][ ]라 나 외에 [ ][ ][ ]가 없느니라

말씀배경 지식

666 (계 13:18)
상징적인 숫자로서 기독교 박해자 네로와 로마 제국을 상징한다.

163 일차 365

6월 12일

하나님과 어린 양에게 속한 자

신명기 17장 | 시편 104편 | 이사야 44장 | 요한계시록 14장

말씀 연결 가증한 것과 찬양 (신 17, 시 104)

신명기 17장 | 여호와께 가증한 것을 멀리함

17:1 흠이나 악질이 있는 소와 양은 아무것도 네 하나님 여호와께 드리지 말지니 이는 네 하나님 여호와께 가증한 것이 됨이니라

17:2 네 하나님 여호와께서 네게 주시는 어느 성중에서든지 너희 가운데에 어떤 남자나 여자가 네 하나님 여호와의 목전에 악을 행하여 그 언약을 어기고

17:3 가서 다른 신들을 섬겨 그것에게 절하며 내가 명령하지 아니한 일월성신에게 절한다 하자

17:7 이런 자를 죽이기 위하여는 증인이 먼저 그에게 손을 댄 후에 뭇 백성이 손을 댈지니라 너는 이와 같이 하여 너희 중에서 악을 제할지니라

17:8 네 성중에서 서로 피를 흘렸거나 다투었거나 구타하였거나 서로 간에 고소하여 네가 판결하기 어려운 일이 생기거든 너는 일어나 네 하나님 여호와께서 택하실 곳으로 올라가서

17:9 레위 사람 제사장과 당시 재판장에게 나아가서 물으라 그리하면 그들이 어떻게 판결할지를 네게 가르치리니

17:17 그에게 아내를 많이 두어 그의 마음이 미혹되게 하지 말 것이며 자기를 위하여 은금을 많이 쌓지 말 것이니라

시편 104편 | 주의 하신 일에 대한 찬양

104:2 주께서 옷을 입음 같이 빛을 입으시며 하늘을 휘장 같이 치시며

104:3 물에 자기 누각의 들보를 얹으시며 구름으로 자기 수레를 삼으시고 바람 날개로 다니시며

104:4 바람을 자기 사신으로 삼으시고 불꽃으로 자기 사역자를 삼으시며

104:14 그가 가축을 위한 풀과 사람을 위한 채소를 자라게 하시며 땅에서 먹을 것이 나게 하셔서

104:18 높은 산들은 산양을 위함이여 바위는 너구리의 피난처로다

104:19 여호와께서 달로 절기를 정하심이여 해는 그 지는 때를 알도다

104:26 그 곳에는 배들이 다니며 주께서 지으신 리워야단이 그 속에서 노나이다

오늘의 찬양
찬송가 449장 | 예수 따라가며

맥체인성경365
894p

말씀 연결 여호와 하나님 (사 44, 계 14)

이사야 44장 | 도와줄 여호와

44:6 이스라엘의 왕인 여호와, 이스라엘의 구원자인 만군의 여호와가 이같이 말하노라 나는 처음이요 나는 마지막이라 나 외에 다른 신이 없느니라

44:8 너희는 두려워하지 말며 겁내지 말라 내가 예로부터 너희에게 듣게 하지 아니하였느냐 알리지 아니하였느냐 너희는 나의 증인이라 나 외에 신이 있겠느냐 과연 반석은 없나니 다른 신이 있음을 내가 알지 못하노라

44:9 우상을 만드는 자는 다 허망하도다 그들이 원하는 것들은 무익한 것이거늘 그것들의 증인들은 보지도 못하며 알지도 못하니 그러므로 수치를 당하리라

44:14 그는 자기를 위하여 백향목을 베며 디르사 나무와 상수리나무를 취하며 숲의 나무들 가운데에서 자기를 위하여 한 나무를 정하며 나무를 심고 비를 맞고 자라게도 하느니라

44:15 이 나무는 사람이 땔감을 삼는 것이거늘 그가 그것을 가지고 자기 몸을 덥게도 하고 불을 피워 떡을 굽기도 하고 신상을 만들어 경배하며 우상을 만들고 그 앞에 엎드리기도 하는구나

요한계시록 14장 | 하나님과 어린 양에게 속한 자

14:8 또 다른 천사 곧 둘째가 그 뒤를 따라 말하되 무너졌도다 무너졌도다 큰 성 바벨론이여 모든 나라에게 그의 음행으로 말미암아 진노의 포도주를 먹이던 자로다 하더라

14:13 또 내가 들으니 하늘에서 음성이 나서 이르되 기록하라 지금 이후로 주 안에서 죽는 자들은 복이 있도다 하시매 성령이 이르시되 그러하다 그들이 수고를 그치고 쉬리니 이는 그들의 행한 일이 따름이라 하시더라

14:14 또 내가 보니 흰 구름이 있고 구름 위에 인자와 같은 이가 앉으셨는데 그 머리에는 금 면류관이 있고 그 손에는 예리한 낫을 가졌더라

14:15 또 다른 천사가 성전으로부터 나와 구름 위에 앉은 이를 향하여 큰 음성으로 외쳐 이르되 당신의 낫을 휘둘러 거두소서 땅의 곡식이 다 익어 거둘 때가 이르렀음이니이다 하니

묵상 가이드

신 17장 이스라엘의 바른 신앙생활과 공동체의 공의를 위해 주어진 규례를 통해 하나님을 두려워하며 죄악을 끊어내야 함을 보여 줍니다. 하나님은 놀라운 사랑과 은혜의 하나님이시지만, 죄악에 대해서는 단호히 심판하시는 하나님이십니다. 따라서 하나님을 두려워하며 죄악을 철저히 끊어내야 합니다.

시 104편 온 우주 만물을 친히 창조하시고 직접 다스리는 하나님의 탁월한 섭리를 보여 줍니다. 따라서 하나님의 다스리심과 돌보심 그리고 그 주권에 우리의 모든 삶을 맡겨야 한다고 말씀하고 있습니다.

사 44장 하나님께서 백성의 죄를 용서하시고 구속하심을 보여 줍니다. 백성을 지으시고 선택하신 하나님은 그 백성들의 죄에도 불구하고 용서하시고 구속하기를 원하십니다. 포기할 수 없는 사랑이 그 백성들의 용서와 구원을 약속하게 하시는 것입니다. 따라서 그 큰 사랑과 능력을 믿고 하나님께 나아가 죄를 용서받고 구속의 은혜를 누려야 합니다.

계 14장 마지막 때에 하나님께서 악한 세상을 심판하심을 보여 줍니다. 짐승의 표를 받고 짐승에게 경배한 사람들에게는 하나님의 심판이 있게 된다는 말씀입니다. 불과 유황으로 영원토록 고통을 받으며 쉼을 얻지 못하게 된다는 것입니다.

더 깊은 묵상

세상을 창조하신 하나님은 또한 세상을 다스리며 우리를 돌보십니다. 우리의 죄를 용서하시고 구원하시는 구원의 하나님이 되십니다. 그러나 죄에 대해서는 엄히 심판하시는 두려움의 하나님이시오, 심판의 하나님이십니다. 따라서 하나님을 두려워하며 죄악을 제하여 버려야 하고, 하나님께 돌이켜 용서와 구원의 은혜를 누려야 합니다.

기도와 적용

말씀기도

❶ 우리를 창조하시고 돌보시는 하나님께 우리의 모든 인생을 맡기게 하소서.

❷ 하나님께 돌이켜 우리의 죄를 없이하시며 구속하시는 은혜를 누리게 하소서.

❸ 환난과 핍박 중에서도 믿음을 지켜 성도의 인내를 보이는 삶을 살게 하소서.

나의 적용

오늘의 감사

믿음으로 감사

소망으로 감사

사랑으로 감사

말씀암송

사 44:6 이스라엘의 왕인 여호와, 이스라엘의 구원자인 만군의 여호와가 이같이 말하노라 나는 ☐☐이요 나는 마지막이라 나 외에 다른 ☐이 없느니라

말씀배경 지식

스다디온 (계 4:20)
고대 그리스의 달리기 경주 코스이다. 1스다디온은 약 196.9m로 본문의 1,600스다디온은 약 300km이며, 이는 팔레스타인의 남북 길이에 해당하고 또한 이 세상 전체를 암시한다.

성급한 마음이 실패를 부른다

성급하고 마음이 거친 사람은
무슨 일을 하든 제대로 이루지 못하고,
온화하고 침착한 사람은
만복이 저절로 모여든다.
성질이 조급하여 침착하지 못하고,
마음이 거칠고 치밀하지 못한 사람은
한 가지 일도 제대로 이룰 수가 없다.
하지만 마음이 온유한 사람은
매사에 치밀하므로 하는 일마다
성공하여 만복을 누릴 수 있다.

좋은글 모음 160가지 / 문예의 전당

164 일차/365

6월 13일

하나님이 세우신 자

신명기 18장 | 시편 105편 | 이사야 45장 | 요한계시록 15장

말씀 연결 선지자 (신 18, 시 105)

신명기 18장 | 선지자를 세우심

18:4 또 네가 처음 거둔 곡식과 포도주와 기름과 네가 처음 깎은 양털을 네가 그에게 줄 것이니

18:8 그 사람의 몫은 그들과 같을 것이요 그가 조상의 것을 판 것은 별도의 소유이니라

18:9 네 하나님 여호와께서 네게 주시는 땅에 들어가거든 너는 그 민족들의 가증한 행위를 본받지 말 것이니

18:16 이것이 곧 네가 총회의 날에 호렙 산에서 네 하나님 여호와께 구한 것이라 곧 네가 말하기를 내가 다시는 내 하나님 여호와의 음성을 듣지 않게 하시고 다시는 이 큰 불을 보지 않게 하소서 두렵건대 내가 죽을까 하나이다 하매

18:21 네가 마음속으로 이르기를 그 말이 여호와께서 이르신 말씀인지 우리가 어떻게 알리요 하리라

시편 105편 | 기름 부은 자와 선지자

105:5-6 그의 종 아브라함의 후손 곧 택하신 야곱의 자손 너희는 그가 행하신 기적과 그의 이적과 그의 입의 판단을 기억할지어다

105:15 이르시기를 나의 기름 부은 자를 손대지 말며 나의 선지자들을 해하지 말라 하셨도다

105:36 또 여호와께서 그들의 기력의 시작인 그 땅의 모든 장자를 치셨도다

105:39 여호와께서 낮에는 구름을 펴사 덮개를 삼으시고 밤에는 불로 밝히셨으며

오늘의 찬양
찬송가 81장 | 주는 귀한 보배

맥체인성경365
900p

말씀 연결 부르심과 이기고 벗어 난 자 (사 45, 계 15)

이사야 45장 | 지명하여 부르심

45:5 나는 여호와라 나 외에 다른 이가 없나니 나 밖에 신이 없느니라 너는 나를
알지 못하였을지라도 나는 네 띠를 동일 것이요

45:9 질그릇 조각 중 한 조각 같은 자가 자기를 지으신 이와 더불어 다툴진대 화
있을진저 진흙이 토기장이에게 너는 무엇을 만드느냐 또는 네가 만든 것이 그는
손이 없다 말할 수 있겠느냐

45:13 내가 공의로 그를 일으킨지라 그의 모든 길을 곧게 하리니 그가 나의 성읍
을 건축할 것이며 사로잡힌 내 백성을 값이나 갚음이 없이 놓으리라 만군의 여호
와의 말이니라 하셨느니라

45:15 구원자 이스라엘의 하나님이여 진실로 주는 스스로 숨어 계시는 하나님
이시니이다

45:19 나는 감추어진 곳과 캄캄한 땅에서 말하지 아니하였으며 야곱 자손에게
너희가 나를 혼돈 중에서 찾으라고 이르지 아니하였노라 나 여호와는 의를 말하
고 정직한 것을 알리느니라

요한계시록 15장 | 짐승과 그의 우상과 그의 이름의 수를 이기고 벗어난 자들

15:2 또 내가 보니 불이 섞인 유리 바다 같은 것이 있고 짐승과 그의 우상과 그의 이
름의 수를 이기고 벗어난 자들이 유리 바다 가에 서서 하나님의 거문고를 가지고

15:3 하나님의 종 모세의 노래, 어린 양의 노래를 불러 이르되 주 하나님 곧 전능하
신 이시여 하시는 일이 크고 놀라우시도다 만국의 왕이시여 주의 길이 의롭고 참되
시도다

15:6 일곱 재앙을 가진 일곱 천사가 성전으로부터 나와 맑고 빛난 세마포 옷을 입
고 가슴에 금 띠를 띠고

묵상 가이드

신 18장 성막 중심의 봉사와 이스라엘 백성의 건전한 신앙생활을 지도할 레위인과 제사장에 관련된 규례를 통해 말씀을 전하시기 위한 선택을 보여 줍니다. 하나님께서 선지자를 통해 전하는 말씀을 백성들이 반드시 지켜야 한다는 것과 또한 하나님의 말씀을 받은 선지자가 하나님께서 명령하지 않으신 말씀을 마음대로 전하지 말아야 함을 말씀하고 계십니다.

시 105편 이스라엘 역사에 행하신 하나님의 구원 사역을 노래하며 약속을 이루시기 위한 선택을 보여 줍니다. 하나님께서 약속을 이루시기 위해 요셉을 선택하시고, 그를 종으로 팔아 애굽에 보내셔서 말씀으로 단련하셨다는 말씀입니다.

사 45장 하나님께서 바사의 고레스 왕을 선택하여 세우시고, 재물과 권세와 힘을 주어 그를 통해 이스라엘을 구원하신다는 약속을 보여 줍니다. 그리고 고레스를 통한 구원을 의심하는 당신의 백성에 대한 격려 및 이스라엘뿐 아니라 온 세상을 구원하시려는 하나님의 마음에서 확인할 수 있는 절대성과 유일성을 말씀하고 있습니다.

계 15장 일곱 대접을 가진 일곱 천사에 대한 설명, 승리한 성도들의 찬양 및 일곱 대접을 가진 일곱 천사를 통해 심판을 내리시기 위한 선택을 보여 줍니다. 심판을 위해 하나님께서 그 천사들을 선택하여 세우시면, 더 이상 피할 길이 없다는 것을 말씀하고 있습니다.

더 깊은 묵상

하나님은 그 말씀을 전하기 위해 선지자를 선택하여 세우십니다. 약속을 이루시고 구원을 이루시기 위해 하나님의 사람을 선택하여 세우시고, 또한 심판을 위해 천사들을 선택하여 세우십니다. 하나님은 그 능력으로 친히 세상을 다스리실 수 있지만, 우리를 선택하고 세우셔서 그 다스리심에 참여하는 은혜를 베풀어 주십니다.

기도와 적용

말씀기도

❶ 하나님의 말씀을 바르게 듣고 분별하여 약속을 이루시는 축복의 자리에 서게 하소서.
❷ 신실하신 하나님께서 약속을 이루심을 믿고 인내하며 말씀으로 단련되게 하소서.
❸ 우리에게 있는 힘과 재물과 능력이 사명을 위해 하나님께서 주신 것임을 깨닫게 하소서.

나의 적용

오늘의 감사

믿음으로 감사

소망으로 감사

사랑으로 감사

말씀암송

시 105:39 여호와께서 낮에는 [ ][ ]을 펴사 덮개를 삼으시고 밤에는 [ ]로 밝히셨으며

말씀배경 지식

선지자 하나
(신 18:15)
일차적으로 하나님의 뜻을 이스라엘 백성에게 밝히 계시해줄 구약의 선지자를 궁극적으로는 온 인류의 대속자로 오셔서 십자가 죽음으로 하나님의 구원 섭리를 이루신 그리스도를 가리킨다(행 3:22). 구원의 복음을 주신 그리스도야말로 선지자 가운데 참 선지자다.

165 일차 365

6월 14일

약속과 명령

신명기 19장 | 시편 106편 | 이사야 46장 | 요한계시록 16장

말씀 연결 약속을 이루심 (신 19, 시 106)

신명기 19장 | 도피성 규례를 통한 약속과 명령

19:2 네 하나님 여호와께서 네게 기업으로 주신 땅 가운데에서 세 성읍을 너를 위하여 구별하고

19:3 네 하나님 여호와께서 네게 기업으로 주시는 땅 전체를 세 구역으로 나누어 길을 닦고 모든 살인자를 그 성읍으로 도피하게 하라

19:4 살인자가 그리로 도피하여 살 만한 경우는 이러하니 곧 누구든지 본래 원한이 없이 부지중에 그의 이웃을 죽인 일,

19:11 그러나 만일 어떤 사람이 그의 이웃을 미워하여 엎드려 그를 기다리다가 일어나 상처를 입혀 죽게 하고 이 한 성읍으로 도피하면

19:14 네 하나님 여호와께서 네게 주어 차지하게 하시는 땅 곧 네 소유가 된 기업의 땅에서 조상이 정한 네 이웃의 경계표를 옮기지 말지니라

19:21 네 눈이 긍휼히 여기지 말라 생명에는 생명으로, 눈에는 눈으로, 이에는 이로, 손에는 손으로, 발에는 발로이니라

시편 106편 | 약속을 이루시는 선하심과 인자하심

106:1 할렐루야 여호와께 감사하라 그는 선하시며 그 인자하심이 영원함이로다

106:5 내가 주의 택하신 자가 형통함을 보고 주의 나라의 기쁨을 나누어 가지게 하사 주의 유산을 자랑하게 하소서

106:7 우리의 조상들이 애굽에 있을 때 주의 기이한 일들을 깨닫지 못하며 주의 크신 인자를 기억하지 아니하고 바다 곧 홍해에서 거역하였나이다

106:14 광야에서 욕심을 크게 내며 사막에서 하나님을 시험하였도다

106:28 그들이 또 브올의 바알과 연합하여 죽은 자에게 제사한 음식을 먹어서

106:32 그들이 또 므리바 물에서 여호와를 노하시게 하였으므로 그들 때문에 재난이 모세에게 이르렀나니

106:45 그들을 위하여 그의 언약을 기억하시고 그 크신 인자하심을 따라 뜻을 돌이키사

오늘의 찬양
찬송가 310장 | 아 하나님의 은혜로

맥체인성경365
905p

말씀 연결 주권과 일곱 대접 (사 46, 계 16)

이사야 46장 | 하나님의 주권

46:1 벨은 엎드러졌고 느보는 구부러졌도다 그들의 우상들은 짐승과 가축에게
실렸으니 너희가 떠메고 다니던 그것들이 피곤한 짐승의 무거운 짐이 되었도다

46:8 너희 패역한 자들아 이 일을 기억하고 장부가 되라 이 일을 마음에 두라

46:11 내가 동쪽에서 사나운 날짐승을 부르며 먼 나라에서 나의 뜻을 이룰 사람
을 부를 것이라 내가 말하였은즉 반드시 이룰 것이요 계획하였은즉 반드시 시행
하리라

요한계시록 16장 | 진노의 일곱 대접

16:2 첫째 천사가 가서 그 대접을 땅에 쏟으매 짐승의 표를 받은 사람들과 그 우상
에게 경배하는 자들에게 악하고 독한 종기가 나더라

16:6 그들이 성도들과 선지자들의 피를 흘렸으므로 그들에게 피를 마시게 하신 것
이 합당하니이다 하더라

16:12 또 여섯째 천사가 그 대접을 큰 강 유브라데에 쏟으매 강물이 말라서 동방에
서 오는 왕들의 길이 예비되었더라

16:16 세 영이 히브리어로 아마겟돈이라 하는 곳으로 왕들을 모으더라

16:21 또 무게가 한 달란트나 되는 큰 우박이 하늘로부터 사람들에게 내리매 사람
들이 그 우박의 재앙 때문에 하나님을 비방하니 그 재앙이 심히 큼이러라

묵상 가이드

신 19장 무고한 생명과 개인의 재산을 보호하기 위한 특별 규례들로 도피성 제도와 경계표 및 재판 제도 등을 통해 백성들이 하나님의 의를 실천해야 함을 보여 줍니다. 가나안 땅에 들어가면 도피성을 만들어 뜻하지 않게 실수나 사고로 살인한 경우, 도피성으로 피해 복수자로부터 그 생명을 보존할 수 있게 하였습니다.

시 106편 이스라엘 역사 속에서 백성의 패역함을 돌아보며 회개하고 이스라엘의 범죄에도 긍휼을 잊지 않으신 하나님의 사랑을 찬양하며 비느하스의 의의 실천을 보여줍니다. 하나님 앞에서 실천한 의는 심판을 멈추게 하고 하나님의 기쁨과 칭찬 그리고 대대에 이르는 축복으로 이어집니다.

사 46장 바벨론의 대표적인 우상들의 파괴와 이스라엘을 구하시려는 하나님의 거룩한 섭리를 소개하며 의에서 멀어진 백성들을 보여 줍니다. 그리고 백성들에게 멀어진 공의에서 돌이키라고 말씀하십니다. 이런 하나님의 뜻을 깨닫고 죄를 떠나 하나님의 공의로 나아가야 합니다.

계 16장 의로 심판하시는 하나님을 보여 줍니다. 하나님은 의로우시고, 불의에 대해서는 반드시 그 책임을 물으시고 심판하십니다. 이를 통해 그 의를 나타내십니다.

더 깊은 묵상

하나님은 우리가 의를 실천하기를 원하십니다. 하나님 앞에서 실천한 의는 심판을 멈추고 하나님의 기쁨과 영원한 기억이 됩니다. 하나님의 의에서 멀어져 있지는 않은지 돌아보고 돌이켜 의를 따라가야 합니다. 순교하기까지 따르는 의는 하나님의 심판을 승리와 구원으로 맞이하게 합니다.

기도와 적용

말씀기도

❶ 하나님이 주신 축복을 놓치지 않게 하소서.
❷ 힘써 의를 실천하여 하나님의 기쁨과 칭찬이 되게 하소서.
❸ 피 흘리기까지 믿음을 지켜 의의 심판을 승리와 구원으로 맞이하게 하소서.

나의 적용

오늘의 감사

믿음으로 감사

소망으로 감사

사랑으로 감사

말씀암송

시 106:1 할렐루야 여호와께 ☐☐하라 그는 선하시며 그 인자하심이 ☐☐함이로다

말씀배경 지식

아마겟돈 (계 16:16)
히브리어 메깃도(므깃도산)의 헬라식 표현(하르마게돈)이다. 묵시 문학적으로 이 세상 끝날 모든 악의 세력이 대격전을 치를 인류 최후의 전장으로서 악의 세력이 처참하게 멸망당할 장소이다.

166 일차/365

전쟁과 하나님 찬양

6월 15일

신명기 20장 | 시편 107편 | 이사야 47장 | 요한계시록 17장

말씀 연결 싸움과 찬양 (신 20, 시 107)

신명기 20장 | 적군과 싸우는 자의 자세

20:4 너희 하나님 여호와는 너희와 함께 행하시며 너희를 위하여 너희 적군과 싸우시고 구원하실 것이라 할 것이며

20:7 여자와 약혼하고 그와 결혼하지 못한 자가 있느냐 그는 집으로 돌아갈지니 전사하면 타인이 그를 데려갈까 하노라 하고

20:8 책임자들은 또 백성에게 말하여 이르기를 두려워서 마음이 허약한 자가 있느냐 그는 집으로 돌아갈지니 그의 형제들의 마음도 그의 마음과 같이 낙심될까 하노라 하고

20:10 네가 어떤 성읍으로 나아가서 치려 할 때에는 그 성읍에 먼저 화평을 선언하라

20:11 그 성읍이 만일 화평하기로 회답하고 너를 향하여 성문을 열거든 그 모든 주민들에게 네게 조공을 바치고 너를 섬기게 할 것이요

20:16 오직 네 하나님 여호와께서 네게 기업으로 주시는 이 민족들의 성읍에서는 호흡 있는 자를 하나도 살리지 말지니

시편 107편 | 위험한 지경에서 건지시는 하나님을 찬양함

107:2 여호와의 속량을 받은 자들은 이같이 말할지어다 여호와께서 대적의 손에서 그들을 속량하사

107:3 동서 남북 각 지방에서부터 모으셨도다

107:5 주리고 목이 말라 그들의 영혼이 그들 안에서 피곤하였도다

107:15 여호와의 인자하심과 인생에게 행하신 기적으로 말미암아 그를 찬송할지로다

107:17 미련한 자들은 그들의 죄악의 길을 따르고 그들의 악을 범하기 때문에 고난을 받아

107:22 감사제를 드리며 노래하여 그가 행하신 일을 선포할지로다

107:30 그들이 평온함으로 말미암아 기뻐하는 중에 여호와께서 그들이 바라는 항구로 인도하시는도다

오늘의 찬양
찬송가 430장 | 주와 같이 길 가는 것

맥체인성경365
910p

말씀 연결 구원자 어린 양 (사 47, 계 17)

이사야 47장 | 악인에게 평강이 없음

47:1 처녀 딸 바벨론이여 내려와서 티끌에 앉으라 딸 갈대아여 보좌가 없어졌으
니 땅에 앉으라 네가 다시는 곱고 아리땁다 일컬음을 받지 못할 것임이라

47:8 그러므로 사치하고 평안히 지내며 마음에 이르기를 나뿐이라 나 외에 다른
이가 없도다 나는 과부로 지내지도 아니하며 자녀를 잃어버리는 일도 모르리라
하는 자여 너는 이제 들을지어다

요한계시록 17장 | 어린 양의 승리

17:1 또 일곱 대접을 가진 일곱 천사 중 하나가 와서 내게 말하여 이르되 이리로 오
라 많은 물 위에 앉은 큰 음녀가 받을 심판을 네게 보이리라

17:3 곧 성령으로 나를 데리고 광야로 가니라 내가 보니 여자가 붉은 빛 짐승을 탔
는데 그 짐승의 몸에 하나님을 모독하는 이름들이 가득하고 일곱 머리와 열 뿔이
있으며

17:5 그의 이마에 이름이 기록되었으니 비밀이라, 큰 바벨론이라, 땅의 음녀들과
가증한 것들의 어미라 하였더라

17:8 네가 본 짐승은 전에 있었다가 지금은 없으나 장차 무저갱으로부터 올라와
멸망으로 들어갈 자니 땅에 사는 자들로서 창세 이후로 그 이름이 생명책에 기록되
지 못한 자들이 이전에 있었다가 지금은 없으나 장차 나올 짐승을 보고 놀랍게 여
기리라

묵상 가이드

신 20장 장차 이스라엘이 필연적으로 직면하게 될 전쟁에 관한 규례와 함께 있어 싸우시는 하나님을 보여 줍니다. 가나안 땅에 진격하여 가나안 족속들과 싸울 때에 하나님께서 함께하여 싸우신다는 말씀입니다. 제사장들은 싸움에 앞서 백성들에게 두려워하지 말 것과 하나님께서 함께하여 싸우시고 구원하실 것을 전하라는 것입니다.

시 107편 백성들이 구원받을 만한 자격이 없음에도 불구하고 고난 중에 하나님을 찾을 때 하나님께서 응답하셨다는 말씀입니다. 하나님의 큰 은혜를 받은 감격을 노래하는 것을 보여 줍니다.

사 47장 바벨론을 향한 심판 선언, 심판받을 수밖에 없는 이유, 허망한 종교를 신봉하는 교만한 바벨론에 대한 하나님의 비웃음을 소개하며 심판하시는 하나님을 보여 줍니다. 바벨론을 향한 심판은 유다 백성들의 고통과 아픔을 갚아 주시는 보복입니다.

계 17장 마지막 때에 어린 양 되시는 예수 그리스도께서 악한 대적들을 물리치고 승리하시며, 또 그와 함께 있는 자들도 승리한다는 말씀입니다. 바벨론의 멸망 원인을 다루고 있는 본 장에는 붉은 짐승을 탄 음녀, 음녀와 그녀가 탄 짐승, 음녀의 정체와 멸망이 소개되고 있습니다.

더 깊은 묵상

하나님은 우리와 함께 있어 싸우시고 응답하시며 승리를 주십니다. 교만한 대적을 심판하심으로 우리의 아픔을 갚아 주십니다. 따라서 눈앞의 대적과 고난의 상황을 바라보는 것이 아니라 함께하신 하나님을 바라보며 기도하고 도전하고 인내해야 합니다.

기도와 적용

말씀기도

❶ 우리와 함께 계시고 싸우시는 하나님을 바라보며 두려움을 이기게 하소서.
❷ 고난 중에 함께하시는 하나님을 바라보며 고난을 이기게 하소서.
❸ 세상 악한 권세에 굴복하지 않고 끝까지 믿음을 지켜 주님과 함께 승리를 누리게 하소서.

나의 적용

오늘의 감사

믿음으로 감사

소망으로 감사

사랑으로 감사

말씀암송

시 107:43 □□ 있는 자들은 이러한 일들을 지켜 보고 여호와의 □□하심을 깨달으리로다

말씀배경 지식

일곱 왕 (계 17:10)
로마 제국의 일곱 황제를 일컫는다. 이미 망한 다섯은 아우구스투스, 티베리우스, 킬리굴라, 클라우다우스, 네로이며 당시 현존하는 자는 베스파시안, 아직 이르지 않은 자는 디도라 할 수 있다.

167 일차/365

6월 16일

악인

신명기 21장 | 시편 108-109편 | 이사야 48장 | 요한계시록 18장

말씀 연결 악과 대적자 (신 21, 시 108-109)

신명기 21장 | 악을 제함

21:4 그 성읍의 장로들이 물이 항상 흐르고 갈지도 않고 씨를 뿌린 일도 없는 골짜기로 그 송아지를 끌고 가서 그 골짜기에서 그 송아지의 목을 꺾을 것이요

21:6 그 피살된 곳에서 제일 가까운 성읍의 모든 장로들은 그 골짜기에서 목을 꺾은 암송아지 위에 손을 씻으며

21:13 또 포로의 의복을 벗고 네 집에 살며 그 부모를 위하여 한 달 동안 애곡한 후에 네가 그에게로 들어가서 그의 남편이 되고 그는 네 아내가 될 것이요

21:16 자기의 소유를 그의 아들들에게 기업으로 나누는 날에 그 사랑을 받는 자의 아들을 장자로 삼아 참 장자 곧 미움을 받는 자의 아들보다 앞세우지 말고

21:21 그 성읍의 모든 사람들이 그를 돌로 쳐죽일지니 이같이 네가 너희 중에서 악을 제하라 그리하면 온 이스라엘이 듣고 두려워하리라

시 108-109편 | 대적자로 인한 기도

108:2 비파야, 수금아, 깰지어다 내가 새벽을 깨우리로다

108:7 하나님이 그의 성소에서 말씀하시되 내가 기뻐하리라 내가 세겜을 나누며 숙곳 골짜기를 측량하리라

109:9 그의 자녀는 고아가 되고 그의 아내는 과부가 되며

109:18 또 저주하기를 옷 입듯 하더니 저주가 물 같이 그의 몸 속으로 들어가며 기름 같이 그의 뼈 속으로 들어갔나이다

109:23 나는 석양 그림자 같이 지나가고 또 메뚜기 같이 불려 가오며

109:25 나는 또 그들의 비방거리라 그들이 나를 보면 머리를 흔드나이다

109:27 이것이 주의 손이 하신 일인 줄을 그들이 알게 하소서 주 여호와께서 이를 행하셨나이다

109:29 나의 대적들이 욕을 옷 입듯 하게 하시며 자기 수치를 겉옷 같이 입게 하소서

109:31 그가 궁핍한 자의 오른쪽에 서사 그의 영혼을 심판하려 하는 자들에게서 구원하실 것임이로다

오늘의 찬양
찬송가 254장 | 내 주의 보혈은

맥체인성경365
914p

말씀 연결 평강과 심판 (사 48, 계 18)

이사야 48장 | 악인에게 평강이 없음

48:1 야곱의 집이여 이를 들을지어다 너희는 이스라엘의 이름으로 일컬음을 받
으며 유다의 허리에서 나왔으며 여호와의 이름으로 맹세하며 이스라엘의 하나
님을 기념하면서도 진실이 없고 공의가 없도다

48:4 내가 알거니와 너는 완고하며 네 목은 쇠의 힘줄이요 네 이마는 놋이라

48:6 네가 들었으니 이 모든 것을 보라 너희가 선전하지 아니하겠느냐 이제부터
내가 새 일 곧 네가 알지 못하던 은비한 일을 네게 듣게 하노니

48:8 네가 과연 듣지도 못하였고 알지도 못하였으며 네 귀가 옛적부터 열리지
못하였나니 이는 네가 정녕 배신하여 모태에서부터 네가 배역한 자라 불린 줄을
내가 알았음이라

48:10 보라 내가 너를 연단하였으나 은처럼 하지 아니하고 너를 고난의 풀무 불
에서 택하였노라

48:12 야곱아 내가 부른 이스라엘아 내게 들으라 나는 그니 나는 처음이요 또 나
는 마지막이라

요한계시록 18장 | 악에 대한 심판

18:1 이 일 후에 다른 천사가 하늘에서 내려 오는 것을 보니 큰 권세를 가졌는데 그
의 영광으로 땅이 환하여지더라

18:5 그의 죄는 하늘에 사무쳤으며 하나님은 그의 불의한 일을 기억하신지라

18:8 그러므로 하루 동안에 그 재앙들이 이르리니 곧 사망과 애통함과 흉년이라
그가 또한 불에 살라지리니 그를 심판하시는 주 하나님은 강하신 자이심이라

18:11 땅의 상인들이 그를 위하여 울고 애통하는 것은 다시 그들의 상품을 사는 자
가 없음이라

18:12 그 상품은 금과 은과 보석과 진주와 세마포와 자주 옷감과 비단과 붉은 옷
감이요 각종 향목과 각종 상아 그릇이요 값진 나무와 구리와 철과 대리석으로 만든
각종 그릇이요

18:13 계피와 향료와 향과 향유와 유향과 포도주와 감람유와 고운 밀가루와 밀이
요 소와 양과 말과 수레와 종들과 사람의 영혼들이라

묵상 가이드

신 21장 이스라엘 공동체의 성결과 가정의 질서와 평화 정착을 위한 규례 등 방관할 수 없는 죄를 보여 줍니다. 하나님은 어떤 죄든지 속죄의 과정을 반드시 지나야 함을 말씀하십니다. 그 어떤 죄도 씻지 않고 속죄하지 않으면 반드시 그 책임을 물으신다는 것입니다.

시 108-109편 악인의 죄를 기억하여 심판해달라는 다윗의 기도입니다. 구원과 승리를 이미 받은 것으로 확신하며 찬양하고, 이 역사 속에서 반드시 실현돼야 할 대적자들에 대한 승리를 노래하며, 생명을 노략 하려는 대적의 위협을 받고 대적의 악한 언동과 행위를 하나님께 고발하며 구원을 간절히 호소하고 있습니다.

사 48장 하나님은 이방인의 구원을 위한 도구로 이스라엘을 택하셨음을 상기시키고, 바벨론으로부터 구원해내시겠다는 의지를 확인시켜주십니다. 축복을 가로막는 죄를 보여 줍니다. 그리고 하나님의 말씀에 순종하여 그 후회의 길에서 돌이켜야 한다는 교훈도 담고 있는 말씀입니다.

계 18장 바벨론에 대한 멸망 선언, 바벨론 멸망에 대한 애가, 멸망 상황을 언급하며 떠나야 하는 죄를 보여 줍니다. 하나님의 백성들에게 바벨론에서 떠나고 그 죄에 참여하지 말라는 말씀입니다. 죄에서 떠나지 않으면 바벨론에 내려진 재앙을 함께 받고 결국 함께 패망하게 된다는 것입니다.

더 깊은 묵상

죄는 하나님의 심판을 불러옵니다. 하나님은 죄악을 기억하시고 갑절로 갚으십니다. 따라서 어떤 죄도 방관하지 말아야 하고 속히 떠나야 합니다. 하나님이 우리에게 주신 기업을 더럽히지 않기 위해 우리 안에 모든 악을 제거하고 악인들로 인해 낙심하지 말고 그들을 위해 기도하며, 악인에게는 평강이 없음을 기억하고 주님을 신뢰하며 나아가는 삶을 살아야 합니다.

기도와 적용

말씀기도

❶ 죄에서 떠나 하나님의 풍성한 축복을 누리게 하소서.
❷ 처리되지 않은 어떤 죄도 방관하지 않고 주께 고하여 속죄받고 제거하게 하소서.
❸ 죄의 길에서 떠나라는 주의 음성에 순종하여 구원의 길에 서게 하소서.

나의 적용

오늘의 감사

믿음으로 감사

소망으로 감사

사랑으로 감사

말씀암송

사 48:12 야곱아 내가 부른 이스라엘아 내게 들으라 나는 그니 나는 □□이요 또 나는 □□□이라

말씀배경 지식

배신자의 운명 (시 109:8)

'그 직분을 타인에게 빼앗게'라는 표현으로 생명을 누릴 가치도 없는 배신자에게서 영광과 존귀를 박탈하고 권세와 권위의 자리에서 끌어내리는 것을 가리킨다. 이 표현은 베드로가 후일 예수를 판 가룟 유다에 대해 적용시켰다.

168 일차 365

배려

6월 17일

신명기 22장 | 시편 110-111편 | 이사야 49장 | 요한계시록 19장

말씀 연결 배려와 권능 (신 22, 시 110-111)

신명기 22장 | 실생활에서의 배려

22:6 길을 가다가 나무에나 땅에 있는 새의 보금자리에 새 새끼나 알이 있고 어미 새가 그의 새끼나 알을 품은 것을 보거든 그 어미 새와 새끼를 아울러 취하지 말고

22:8 네가 새 집을 지을 때에 지붕에 난간을 만들어 사람이 떨어지지 않게 하라 그 피가 네 집에 돌아갈까 하노라

22:10 너는 소와 나귀를 겨리하여 갈지 말며

22:12 너희는 너희가 입는 겉옷의 네 귀에 술을 만들지니라

22:15 그 처녀의 부모가 그 처녀의 처녀인 표를 얻어가지고 그 성문 장로들에게로 가서

22:25 만일 남자가 어떤 약혼한 처녀를 들에서 만나서 강간하였으면 그 강간한 남자만 죽일 것이요

22:26 처녀에게는 아무것도 행하지 말 것은 처녀에게는 죽일 죄가 없음이라 이 일은 사람이 일어나 그 이웃을 쳐죽인 것과 같은 것이라

22:28 만일 남자가 약혼하지 아니한 처녀를 만나 그를 붙들고 동침하는 중에 그 두 사람이 발견되면

시편 110-111편 | 주의 권능을 알리심

110:1 여호와께서 내 주에게 말씀하시기를 내가 네 원수들로 네 발판이 되게 하기까지 너는 내 오른쪽에 앉아 있으라 하셨도다

111:1 할렐루야, 내가 정직한 자들의 모임과 회중 가운데에서 전심으로 여호와께 감사하리로다

111:10 여호와를 경외함이 지혜의 근본이라 그의 계명을 지키는 자는 다 훌륭한 지각을 가진 자이니 여호와를 찬양함이 영원히 계속되리로다

오늘의 찬양
찬송가 420장 | 너 성결키 위해

맥체인성경365
920p

말씀 연결 영광과 찬양 (사 49, 계 19)

이사야 49장 | 여호와의 영광을 나타냄

49:1 섬들아 내게 들으라 먼 곳 백성들아 귀를 기울이라 여호와께서 태에서부터
나를 부르셨고 내 어머니의 복중에서부터 내 이름을 기억하셨으며

49:6 그가 이르시되 네가 나의 종이 되어 야곱의 지파들을 일으키며 이스라엘
중에 보전된 자를 돌아오게 할 것은 매우 쉬운 일이라 내가 또 너를 이방의 빛으
로 삼아 나의 구원을 베풀어서 땅 끝까지 이르게 하리라

49:8 여호와께서 이같이 이르시되 은혜의 때에 내가 네게 응답하였고 구원의 날
에 내가 너를 도왔도다 내가 장차 너를 보호하여 너를 백성의 언약으로 삼으며
나라를 일으켜 그들에게 그 황무하였던 땅을 기업으로 상속하게 하리라

49:12 어떤 사람은 먼 곳에서, 어떤 사람은 북쪽과 서쪽에서, 어떤 사람은 시님
땅에서 오리라

49:15 여인이 어찌 그 젖 먹는 자식을 잊겠으며 자기 태에서 난 아들을 긍휼히
여기지 않겠느냐 그들은 혹시 잊을지라도 나는 너를 잊지 아니할 것이라

요한계시록 19장 | 전능하신 이의 통치와 찬양

19:3 두 번째로 할렐루야 하니 그 연기가 세세토록 올라가더라

19:4 또 이십사 장로와 네 생물이 엎드려 보좌에 앉으신 하나님께 경배하여 이르되
아멘 할렐루야 하니

19:7 우리가 즐거워하고 크게 기뻐하며 그에게 영광을 돌리세 어린 양의 혼인 기
약이 이르렀고 그의 아내가 자신을 준비하였으므로

19:10 내가 그 발 앞에 엎드려 경배하려 하니 그가 나에게 말하기를 나는 너와 및
예수의 증언을 받은 네 형제들과 같이 된 종이니 삼가 그리하지 말고 오직 하나님
께 경배하라 예수의 증언은 예언의 영이라 하더라

19:11 또 내가 하늘이 열린 것을 보니 보라 백마와 그것을 탄 자가 있으니 그 이름
은 충신과 진실이라 그가 공의로 심판하며 싸우더라

19:13 또 그가 피 뿌린 옷을 입었는데 그 이름은 하나님의 말씀이라 칭하더라

19:17 또 내가 보니 한 천사가 태양 안에 서서 공중에 나는 모든 새를 향하여 큰 음
성으로 외쳐 이르되 와서 하나님의 큰 잔치에 모여

묵상 가이드

신 22장 이스라엘을 건전하고 순결하게 유지하기 위한 규례를 통해 돌보심을 받는 하나님의 백성을 보여 줍니다. 하나님의 백성은 하나님께서 돌보시고 지키신다는 것입니다. 하나님께서 창조하신 순수한 상태를 그대로 보존하며 신앙의 순수성을 생활 속에서 지켜야 한다는 영적 교훈을 담고 있습니다.

시 110-111편 하나님 나라를 권능으로 다스리실 메시야의 의로운 통치와 심판에 관한 예언을 통해 하나님께서는 하나님을 경외하는 백성들에게 복을 주시며 그 약속을 지키신다는 것입니다. 택한 백성에게 은혜를 베푸신 하나님의 기이한 행사를 밝고 힘찬 분위기로 말씀하고 있습니다.

사 49장 회복된 이스라엘과 장차 도래할 메시야와 관련된 메시지를 통해 긍휼함을 받는 하나님의 백성을 보여 줍니다. 하나님은 그 백성에게 긍휼함의 은혜를 베푸신다는 것입니다. 하나님께서 죄로 인해 이스라엘을 심판하셨지만, 용서하시고 다시 돌아오게 하셔서 회복하신다는 것입니다.

계 19장 어린 양의 혼인 잔치에 청함을 받는 하나님의 백성을 보여 줍니다. 어린 양의 혼인 잔치에 청함을 받는 것이 복이며, 하나님의 백성들이 이 복을 누린다는 것입니다. 마지막 때에 어린 양의 혼인 잔치가 이루어지고, 이 잔치에 청함을 받은 자들이 복이 있는 자들이라고 말씀하고 있습니다.

더 깊은 묵상

하나님은 자기 백성에게 기업과 양식의 복을 주시고, 돌보시고 지키십니다. 큰 긍휼로 용서와 회복의 은혜를 주시고 어린 양의 혼인 잔치에 초대하시는 구원의 복을 주십니다. 따라서 약속을 붙들고 믿음을 지키며 거룩한 하나님의 백성으로 그 자리를 떠나지 말고, 죄와 허물로 죽은 우리를 살아있는 자로 살게 하시는 하나님께 감사하며, 주의 권능의 통치 앞에 순종하며 하나님을 찬양하는 삶을 살아야 합니다.

기도와 적용

말씀기도

❶ 여호와를 경외하며 힘써 그 계명을 지키게 하소서.
❷ 주의 크신 긍휼의 은혜를 누리게 하시고, 용서와 회복의 삶을 살게 하소서.
❸ 날마다 거룩함과 옳은 행실로 어린 양의 혼인 잔치에 참여할 날을 소망하게 하소서.

나의 적용

오늘의 감사

믿음으로 감사

소망으로 감사

사랑으로 감사

말씀암송

시 111:1 할렐루야, 내가 □□한 자들의 □□과 □□ 가운데에서 전심으로 여호와께 감사하리로다

말씀배경 지식

신명기에서 모세는 설교의 형식을 빌려 이스라엘 백성들이 가정생활과 사회생활에서 하나님의 백성답게 거룩함과 순결함을 유지해 나가도록 하기 위한 여러 규례들을 언급하고 있다.

169 일차 365

6월 18일

하나님을 경외함과 최후 왕 노릇함

신명기 23장 | 시편 112-113편 | 이사야 50장 | 요한계시록 20장

말씀 연결 들어오지 못하는 자와 경외하는 자 (신 23, 시 112-113)

신명기 23장 | 총회에 들어오지 못하는 자

23:7 너는 에돔 사람을 미워하지 말라 그는 네 형제임이니라 애굽 사람을 미워하지 말라 네가 그의 땅에서 객이 되었음이니라

23:11 해 질 때에 목욕하고 해 진 후에 진에 들어올 것이요

23:12 네 진영 밖에 변소를 마련하고 그리로 나가되

23:14 이는 네 하나님 여호와께서 너를 구원하시고 적군을 네게 넘기시려고 네 진영 중에 행하심이라 그러므로 네 진영을 거룩히 하라 그리하면 네게서 불결한 것을 보시지 않으므로 너를 떠나지 아니하시리라

23:21 네 하나님 여호와께 서원하거든 갚기를 더디하지 말라 네 하나님 여호와께서 반드시 그것을 네게 요구하시리니 더디면 그것이 네게 죄가 될 것이라

23:25 네 이웃의 곡식밭에 들어갈 때에는 네가 손으로 그 이삭을 따도 되느니라 그러나 네 이웃의 곡식밭에 낫을 대지는 말지니라

시편 112-113편 | 여호와를 경외하는 자

112:4 정직한 자들에게는 흑암 중에 빛이 일어나나니 그는 자비롭고 긍휼이 많으며 의로운 이로다

112:10 악인은 이를 보고 한탄하여 이를 갈면서 소멸되리니 악인들의 욕망은 사라지리로다

113:3 해 돋는 데에서부터 해 지는 데에까지 여호와의 이름이 찬양을 받으시리로다

오늘의 찬양
찬송가 75장 | 주여 우리 무리를

맥체인성경365
925p

말씀 연결 그리스도와 더불어 왕 노릇함 (사 50, 계 20)

이사야 50장 | 여호와의 이름을 의뢰함

50:4 주 여호와께서 학자들의 혀를 내게 주사 나로 곤고한 자를 말로 어떻게 도
와 줄 줄을 알게 하시고 아침마다 깨우치시되 나의 귀를 깨우치사 학자들 같이
알아듣게 하시도다

50:7 주 여호와께서 나를 도우시므로 내가 부끄러워하지 아니하고 내 얼굴을 부
싯돌 같이 굳게 하였으므로 내가 수치를 당하지 아니할 줄 아노라

50:11 보라 불을 피우고 횃불을 둘러 띤 자여 너희가 다 너희의 불꽃 가운데로
걸어가며 너희가 피운 횃불 가운데로 걸어갈지어다 너희가 내 손에서 얻을 것이
이것이라 너희가 고통이 있는 곳에 누우리라

요한계시록 20장 | 전능하신 이의 통치와 찬양

20:2 용을 잡으니 곧 옛 뱀이요 마귀요 사탄이라 잡아서 천 년 동안 결박하여

20:4 또 내가 보좌들을 보니 거기에 앉은 자들이 있어 심판하는 권세를 받았더라
또 내가 보니 예수를 증언함과 하나님의 말씀 때문에 목 베임을 당한 자들의 영혼
들과 또 짐승과 그의 우상에게 경배하지 아니하고 그들의 이마와 손에 그의 표를
받지 아니한 자들이 살아서 그리스도와 더불어 천 년 동안 왕 노릇 하니

20:6 이 첫째 부활에 참여하는 자들은 복이 있고 거룩하도다 둘째 사망이 그들을
다스리는 권세가 없고 도리어 그들이 하나님과 그리스도의 제사장이 되어 천 년 동
안 그리스도와 더불어 왕 노릇 하리라

20:13 바다가 그 가운데에서 죽은 자들을 내주고 또 사망과 음부도 그 가운데에서
죽은 자들을 내주매 각 사람이 자기의 행위대로 심판을 받고

묵상 가이드

신 23장 이스라엘 공동체의 거룩한 삶을 육성하고 사랑과 긍휼의 정신을 실현하기 위한 규례를 보여 줍니다. 하나님의 백성은 무엇보다 온전한 신앙과 순결한 삶으로 하나님께 영광을 돌려야 하며, 동시에 자기가 속한 공동체 내에 불법과 타락을 추방하고 공의와 사랑을 정착시켜야 한다고 말씀하고 있습니다.

시 112-113편 하나님을 경외하는 자가 누리게 될 은총과 복에 초점을 맞추고 여호와를 경외함이 복안 것을 보여 줍니다. 후손의 복, 재물의 복 등이 있다는 것입니다. 따라서 복을 받기를 원한다면 무엇보다 하나님을 경외하며 말씀을 따라 살아야 합니다.

사 50장 여호와의 도우시는 복을 보여 줍니다. 고난과 고통과 핍박 가운데 있지만, 여호와 하나님의 도우심이 있음을 고백하는 말씀입니다. 그 도우심으로 부끄러워하지 아니하고 수치를 당하지 아니하며, 자신의 의로움을 인정해주시는 하나님이 계시기에 자신을 정죄하는 대적들 앞에서 당당할 수 있다는 것입니다.

계 20장 하나님의 마지막 심판 때에 첫째 부활에 참여하는 자에게 복이 있음을 전하는 말씀입니다. 첫째 부활에 참여하는 자들은 둘째 사망이 없습니다. 곧 다시 죽지 아니하고 영원한 생명의 삶을 살아간다는 것입니다. 그리고 그리스도와 더불어 천년 왕국에서 왕 노릇 하며, 평안과 축복을 누리게 된다고 말씀하고 있습니다.

더 깊은 묵상

여호와의 총회에 들어와 여호와를 경외하며 그 말씀을 지키는 삶이 복된 삶입니다. 고난과 핍박과 정죄 속에서도 여호와의 도우심과 의롭다 인정하시는 은혜를 누리는 것이 복이며, 그 은혜 속에서 끝까지 믿음을 지켜 결국 첫째 부활에 참여함이 복입니다. 우리의 행위가 부끄럽지 않도록 하나님을 경외하고 예수 그리스도와 더불어 왕 노릇 하는 성도의 삶을 살아야 합니다.

기도와 적용

말씀기도

❶ 여호와를 경외하며 그 말씀을 지킴으로 자녀의 복과 부와 재물의 복을 누리게 하소서.
❷ 여호와 하나님의 도우심과 의롭다 인정하시는 은혜를 기억하는 삶을 살게 하소서.
❸ 핍박과 환난에도 믿음을 지키고 복음에 충성하여 첫째 부활에 참여하는 은혜를 누리게 하소서.

나의 적용

오늘의 감사

믿음으로 감사

소망으로 감사

사랑으로 감사

말씀암송

시 113:3 ☐ 돋는 데에서부터 ☐ 지는 데에까지 여호와의 이름이 ☐☐을 받으시리로다

말씀배경 지식

곡과 마곡
(계 20:8)
묵시문학에서 하나님의 백성과 사탄이 최후로 접전하는 전투지로 묘사되고 있다. '곡'은 메섹과 두발의 왕으로서 이스라엘을 침공한 자를 말하며 '마곡'은 이스라엘 북방에 위치하고 있는 강력한 적대 국가를 가리킨다.

170 일차 / 365

6월 19일

하나님의 백성

신명기 24장 | 시편 114-115편 | 이사야 51장 | 요한계시록 21장

말씀 연결 책임과 복 (신 24, 시 114-115)

신명기 24장 | 하나님의 백성의 책임

24:1 사람이 아내를 맞이하여 데려온 후에 그에게 수치되는 일이 있음을 발견하
고 그를 기뻐하지 아니하면 이혼 증서를 써서 그의 손에 주고 그를 자기 집에서
내보낼 것이요

24:6 사람이 맷돌이나 그 위짝을 전당 잡지 말지니 이는 그 생명을 전당 잡음이
니라

24:12 그가 가난한 자이면 너는 그의 전당물을 가지고 자지 말고

24:15 그 품삯을 당일에 주고 해 진 후까지 미루지 말라 이는 그가 가난하므로
그 품삯을 간절히 바람이라 그가 너를 여호와께 호소하지 않게 하라 그렇지 않으
면 그것이 네게 죄가 될 것임이라

24:17 너는 객이나 고아의 송사를 억울하게 하지 말며 과부의 옷을 전당 잡지 말
라

시편 114-115편 | 부르심과 복 주심

114:3 바다가 보고 도망하며 요단은 물러갔으니

114:8 그가 반석을 쳐서 못물이 되게 하시며 차돌로 샘물이 되게 하셨도다

115:1 여호와여 영광을 우리에게 돌리지 마옵소서 우리에게 돌리지 마옵소서 오
직 주는 인자하시고 진실하시므로 주의 이름에만 영광을 돌리소서

115:17 죽은 자들은 여호와를 찬양하지 못하나니 적막한 데로 내려가는 자들은
아무도 찬양하지 못하리로다

오늘의 찬양
찬송가 426장 | 이 죄인을 완전케 하시옵고

맥체인성경365
929p

말씀 연결 부르심과 함께 (사 51, 계 21)

이사야 51장 | 부르심과 복 주심

51:1 의를 따르며 여호와를 찾아 구하는 너희는 내게 들을지어다 너희를 떠낸
반석과 너희를 파낸 우묵한 구덩이를 생각하여 보라

51:3 나 여호와가 시온의 모든 황폐한 곳들을 위로하여 그 사막을 에덴 같게, 그
광야를 여호와의 동산 같게 하였나니 그 가운데에 기뻐함과 즐거워함과 감사함
과 창화하는 소리가 있으리라

51:9 여호와의 팔이여 깨소서 깨소서 능력을 베푸소서 옛날 옛시대에 깨신 것
같이 하소서 라합을 저미시고 용을 찌르신 이가 어찌 주가 아니시며

51:17 여호와의 손에서 그의 분노의 잔을 마신 예루살렘이여 깰지어다 깰지어
다 일어설지어다 네가 이미 비틀걸음 치게 하는 큰 잔을 마셔 다 비웠도다

51:19 이 두 가지 일이 네게 닥쳤으니 누가 너를 위하여 슬퍼하랴 곧 황폐와 멸
망이요 기근과 칼이라 누가 너를 위로하랴

요한계시록 21장 | 하나님이 함께 하심

21:2 또 내가 보매 거룩한 성 새 예루살렘이 하나님께로부터 하늘에서 내려오니
그 준비한 것이 신부가 남편을 위하여 단장한 것 같더라

21:11 하나님의 영광이 있어 그 성의 빛이 지극히 귀한 보석 같고 벽옥과 수정 같
이 맑더라

21:12 크고 높은 성곽이 있고 열두 문이 있는데 문에 열두 천사가 있고 그 문들 위
에 이름을 썼으니 이스라엘 자손 열두 지파의 이름들이라

21:15 내게 말하는 자가 그 성과 그 문들과 성곽을 측량하려고 금 갈대 자를 가졌
더라

21:16 그 성은 네모가 반듯하여 길이와 너비가 같은지라 그 갈대 자로 그 성을 측
량하니 만 이천 스다디온이요 길이와 너비와 높이가 같더라

21:17 그 성곽을 측량하매 백사십사 규빗이니 사람의 측량 곧 천사의 측량이라

21:18 그 성곽은 벽옥으로 쌓였고 그 성은 정금인데 맑은 유리 같더라

21:23 그 성은 해나 달의 비침이 쓸 데 없으니 이는 하나님의 영광이 비치고 어린
양이 그 등불이 되심이라

묵상 가이드

신 24장 하나님의 구속하신 은혜를 기억하며 말씀에 순종하고, 무엇보다 어렵고 고통당했던 때를 잊지 말고 사랑으로 어려운 이웃들을 돌아보고 나누며 살아가라고 명령하시는 말씀입니다. 하나님의 명령에 따라 어려운 이웃들을 도우며 사랑을 나누며 살아가면, 우리가 하는 모든 일에 복을 내리셔서 복을 또 누리게 하신다는 것입니다.

시 115편 하나님을 의지하며 경외하는 백성들에게 하나님께서 복을 주심을 전하는 말씀입니다. 하나님의 생각 곧 그 관심은 하나님을 경외하며 의지하는 자에게 있다는 것입니다. 하나님께서 복을 주시는 유일한 기준은 하나님을 경외하며 의지함에 있다는 것을 말씀하고 있습니다.

사 51장 하나님께서 위로를 통해 황폐한 땅을 여호와의 동산 같이 회복시키시고 기쁨과 감사와 찬송이 넘치게 하신다는 말씀입니다. 곧 하나님은 죄로 인한 심판으로 열국을 통해 땅을 황폐케 하셨지만, 의를 따르며 여호와를 찾아 구하는 백성들에게 다시 일으키시는 회복과 구원을 약속하며 그 백성들을 위로하신 것입니다.

계 21장 믿음을 지키다 고통당하며 눈물을 흘린 성도들을 하나님께서 위로하시며 보상하신다는 말씀입니다. 곧 믿음을 지키기 위해 핍박받고 고통당하며 눈물을 흘려야 했지만, 마지막 때에 모든 악한 권세를 물리치신 하나님께서 그 백성들이 흘린 눈물을 닦아 위로하시며, 하나님의 아들로 상속받게 하셔서 보상하신다는 것입니다.

더 깊은 묵상

하나님은 하나님을 경외하는 자에게 복을 주시고, 그 복을 나누며 살라고 명령하십니다. 돌이켜 하나님을 구하는 자를 위로하시며, 눈물을 흘리며 믿음을 지킨 자에게 하나님의 나라를 보상으로 주십니다. 하나님만을 찬양하고 이웃에게 그 책임을 다하는 성도의 삶을 살아야 합니다.

기도와 적용

말씀기도

❶ 하나님의 명령을 따라 넉넉한 마음으로 나눔과 이웃 사랑의 삶을 살아가게 하소서.
❷ 황폐한 우리의 삶이 여호와의 동산 같이 회복되는 은혜와 기쁨을 누리게 하소서.
❸ 믿음의 싸움에서 이겨 모든 눈물과 아픔을 보상받는 축복을 누리게 하소서.

나의 적용

오늘의 감사

믿음으로 감사

소망으로 감사

사랑으로 감사

말씀암송

계 21:23 그 성은 해나 달의 비침이 쓸 데 없으니 이는 하나님의 □□이 비치고 어린 양이 그 □□이 되심이라

말씀배경 지식

우상의 특징 (시편 115편)
첫째, 인간의 손으로 만들었으며, 둘째, 인간과 유사한 기관들이 있으나 실제로는 아무 구실도 하지 못하며, 셋째, 무가치하고 상실하고 우상과 똑같이 망령된 존재로 전락한다.

내 안에 사는 이

오늘도 나를 만드시는
주님께 찬송을 올립니다.

그 훈련 통과하느라고
숨을 헐떡이며 달렸습니다.

혹시나 탈락될까 봐
앞만 향해 뛰었습니다.

이제야 주님의 뜻을
조금이나마 알 것 같아요.

이 훈련을 통하여
주님만 닮게 하시려고.

이제 십자가 밑에
옛 성품은 가루가 되어
흔적도 없이 사라지게 하소서.

이제 내 안에 사는 이
내가 아니라
그리스도가 되게 하소서.

- 사랑은 영원한 느낌표 / 선교횃불

171 일차 / 365

6월 20일

하나님의 선물

신명기 25장 | 시편 116편 | 이사야 52장 | 요한계시록 22장

말씀 연결 배려와 들으심 (신 25, 시 116)

신명기 25장 | 배려

25:3 사십까지는 때리려니와 그것을 넘기지는 못할지니 만일 그것을 넘겨 매를
지나치게 때리면 네가 네 형제를 경히 여기는 것이 될까 하노라

25:5 형제들이 함께 사는데 그 중 하나가 죽고 아들이 없거든 그 죽은 자의 아내
는 나가서 타인에게 시집 가지 말 것이요 그의 남편의 형제가 그에게로 들어가서
그를 맞이하여 아내로 삼아 그의 남편의 형제 된 의무를 그에게 다 행할 것이요

25:13 너는 네 주머니에 두 종류의 저울추 곧 큰 것과 작은 것을 넣지 말 것이며

25:17 너희는 애굽에서 나오는 길에 아말렉이 네게 행한 일을 기억하라

시편 116편 | 기도를 들으심

116:1 여호와께서 내 음성과 내 간구를 들으시므로 내가 그를 사랑하는도다

116:3 사망의 줄이 나를 두르고 스올의 고통이 내게 이르므로 내가 환난과 슬픔
을 만났을 때에

116:14 여호와의 모든 백성 앞에서 나는 나의 서원을 여호와께 갚으리로다

오늘의 찬양
찬송가 348장 | 마귀들과 싸울지라

맥체인성경365
934p

말씀 연결 위로와 생명수 (사 52, 계 22)

이사야 52장 | 여호와의 위로

52:2 너는 티끌을 털어 버릴지어다 예루살렘이여 일어나 앉을지어다 사로잡힌
딸 시온이여 네 목의 줄을 스스로 풀지어다

52:7 좋은 소식을 전하며 평화를 공포하며 복된 좋은 소식을 가져오며 구원을
공포하며 시온을 향하여 이르기를 네 하나님이 통치하신다 하는 자의 산을 넘는
발이 어찌 그리 아름다운가

52:8 네 파수꾼들의 소리로다 그들이 소리를 높여 일제히 노래하니 이는 여호와
께서 시온으로 돌아오실 때에 그들의 눈이 마주 보리로다

52:11 너희는 떠날지어다 떠날지어다 거기서 나오고 부정한 것을 만지지 말지
어다 그 가운데에서 나올지어다 여호와의 기구를 메는 자들이여 스스로 정결하
게 할지어다

요한계시록 22장 | 생명수

22:9 그가 내게 말하기를 나는 너와 네 형제 선지자들과 또 이 두루마리의 말을
지키는 자들과 함께 된 종이니 그리하지 말고 하나님께 경배하라 하더라

22:12 보라 내가 속히 오리니 내가 줄 상이 내게 있어 각 사람에게 그가 행한 대
로 갚아 주리라

22:15 개들과 점술가들과 음행하는 자들과 살인자들과 우상 숭배자들과 및 거
짓말을 좋아하며 지어내는 자는 다 성 밖에 있으리라

22:16 나 예수는 교회들을 위하여 내 사자를 보내어 이것들을 너희에게 증언하
게 하였노라 나는 다윗의 뿌리요 자손이니 곧 광명한 새벽 별이라 하시더라

22:20 이것들을 증언하신 이가 이르시되 내가 진실로 속히 오리라 하시거늘 아
멘 주 예수여 오시옵소서

묵상 가이드

신 25장 이스라엘 안에 공평이 실현되게 하고 건전한 가정을 육성하기 위한 규례를 통해 하나님의 은혜를 받은 백성으로 정직한 삶을 살아야 함을 보여 줍니다. 자신의 이득을 위해 불의함으로 이웃을 속이지 말고 정직해야 함을 가르쳐 주는 말씀입니다. 그리고 그렇게 정직할 때 하나님께서 복을 더하여 주심을 약속하고 있습니다.

시 116편 하나님의 은혜를 믿고 고난 중에 기도해야 함을 보여 줍니다. 백성의 부르짖음에 응답하시는 하나님의 자상하심을 찬양하고 하나님이 베푸신 은혜로 인해 서원을 온전히 갚겠다는 다짐을 하고 있습니다.

사 52장 영적인 무기력에 빠진 이스라엘을 향한 하나님의 위로와 회복의 약속, 그리고 포로 귀환의 비전을 언급하며 그 은혜의 소식을 힘써 전하는 삶을 살아야 함을 보여 줍니다. 하나님께서 백성들을 구원하시고 포로 가운데서 돌아오게 하실 약속이 이루어진 소식을 가지고 달려오는 전령들의 발이 아름답다는 것입니다.

계 22장 예수님께서 이 땅에 속히 오심을 약속하는 말씀입니다. 따라서 예수님의 오심을 소망으로 두고 그 말씀을 지키며 힘써 믿음 안에서 살아가야 함을 가르치고 있습니다. 무엇보다 예언의 말씀을 지키는 자가 복이 있다는 말씀과 각 사람에게 행한 대로 갚으신다는 말씀에 주목해야 합니다.

더 깊은 묵상

주님은 다시 오십니다. 속히 오십니다. 주님의 오심을 소망하며 이 땅에서 정직한 삶, 기도의 삶, 전도의 삶을 살아야 합니다. 하나님께서 주신 선물인 우리의 생명을 보존하시기 위해 베푸시는 하나님의 배려와 기도의 응답과 구원하심과 생명수를 통해 하나님의 사랑을 늘 기억하며 감사하는 삶이 되어야 합니다.

기도와 적용

말씀기도

❶ 다시 오실 주님을 소망 중에 기다리며 힘써 주의 말씀을 지키며 살게 하소서.
❷ 작은 이익을 위해 불의에 타협하지 않게 하시고 정직한 삶을 살게 하소서.
❸ 환난 중에서도 기도하며 이기게 하시고, 주의 복음을 전하며 살게 하소서.

나의 적용

오늘의 감사

믿음으로 감사

소망으로 감사

사랑으로 감사

말씀암송

시 116:14 여호와의 모든 백성 앞에서 나는 나의 ☐☐을 여호와께 갚으리로다

말씀배경 지식

형제들이 함께 (신 25:5-6)

이 말의 의미는 '형사수취제'라는 것이다. 가족 중 형제가 대를 잇지 못하고 죽은 경우 다른 형제가 형수와 결혼하여 대를 잇게 하는 제도를 말한다. 지파 내에서 가문을 보존하고 재산이 타지파에게 넘어가는 것을 막으며, 과부의 결혼 생활과 생계를 보장하기 위한 제도이다.

172 일차 / 365

6월 21일

하나님의 선물(2)

신명기 26장 | 시편 117-118편 | 이사야 53장 | 마태복음 1장

말씀 연결 보배로운 찬양 (신 26, 시 117)

신명기 26장 | 보배로운 백성

26:3 그 때의 제사장에게 나아가 그에게 이르기를 내가 오늘 당신의 하나님 여호와께 아뢰나이다 내가 여호와께서 우리에게 주시겠다고 우리 조상들에게 맹세하신 땅에 이르렀나이다 할 것이요

26:5 너는 또 네 하나님 여호와 앞에 아뢰기를 내 조상은 방랑하는 아람 사람으로서 애굽에 내려가 거기에서 소수로 거류하였더니 거기에서 크고 강하고 번성한 민족이 되었는데

26:8 여호와께서 강한 손과 편 팔과 큰 위엄과 이적과 기사로 우리를 애굽에서 인도하여 내시고

26:11 네 하나님 여호와께서 너와 네 집에 주신 모든 복으로 말미암아 너는 레위인과 너희 가운데에 거류하는 객과 함께 즐거워할지니라

26:15 원하건대 주의 거룩한 처소 하늘에서 보시고 주의 백성 이스라엘에게 복을 주시며 우리 조상들에게 맹세하여 우리에게 주신 젖과 꿀이 흐르는 땅에 복을 내리소서 할지니라

시편 117-118편 | 죽지 않고 살아서 올리는 찬양

117:1 너희 모든 나라들아 여호와를 찬양하며 너희 모든 백성들아 그를 찬송할지어다

118:2 이제 이스라엘은 말하기를 그의 인자하심이 영원하다 할지로다

118:12 그들이 벌들처럼 나를 에워쌌으나 가시덤불의 불 같이 타 없어졌나니 내가 여호와의 이름으로 그들을 끊으리로다

118:18 여호와께서 나를 심히 경책하셨어도 죽음에는 넘기지 아니하셨도다

118:19 내게 의의 문들을 열지어다 내가 그리로 들어가서 여호와께 감사하리로다

118:22 건축자가 버린 돌이 집 모퉁이의 머릿돌이 되었나니

118:25 여호와여 구하옵나니 이제 구원하소서 여호와여 우리가 구하옵나니 이제 형통하게 하소서

오늘의 찬양
찬송가 66장 | 다 감사드리세

맥체인성경365
938p

말씀 연결 고난 받은 왕과 예수 (사 53, 마 1)

이사야 53장 | 고난 받은 왕

53:2 그는 주 앞에서 자라나기를 연한 순 같고 마른 땅에서 나온 뿌리 같아서 고
운 모양도 없고 풍채도 없은즉 우리가 보기에 흠모할 만한 아름다운 것이 없도다

53:3 그는 멸시를 받아 사람들에게 버림 받았으며 간고를 많이 겪었으며 질고를
아는 자라 마치 사람들이 그에게서 얼굴을 가리는 것 같이 멸시를 당하였고 우리
도 그를 귀히 여기지 아니하였도다

53:4 그는 실로 우리의 질고를 지고 우리의 슬픔을 당하였거늘 우리는 생각하기
를 그는 징벌을 받아 하나님께 맞으며 고난을 당한다 하였노라

53:8 그는 곤욕과 심문을 당하고 끌려 갔으나 그 세대 중에 누가 생각하기를 그
가 살아 있는 자들의 땅에서 끊어짐은 마땅히 형벌 받을 내 백성의 허물 때문이
라 하였으리요

53:10 여호와께서 그에게 상함을 받게 하시기를 원하사 질고를 당하게 하셨은
즉 그의 영혼을 속건제물로 드리기에 이르면 그가 씨를 보게 되며 그의 날은 길
것이요 또 그의 손으로 여호와께서 기뻐하시는 뜻을 성취하리로다

마태복음 1장 | 다윗의 자손 예수

1:1 아브라함과 다윗의 자손 예수 그리스도의 계보라

1:17 그런즉 모든 대 수가 아브라함부터 다윗까지 열네 대요 다윗부터 바벨론으로
사로잡혀 갈 때까지 열네 대요 바벨론으로 사로잡혀 간 후부터 그리스도까지 열네
대더라

1:21 아들을 낳으리니 이름을 예수라 하라 이는 그가 자기 백성을 그들의 죄에서
구원할 자이심이라 하니라

1:23 보라 처녀가 잉태하여 아들을 낳을 것이요 그의 이름은 임마누엘이라 하리라
하셨으니 이를 번역한즉 하나님이 우리와 함께 계시다 함이라

묵상 가이드

신 26장 최후를 앞둔 모세가 가나안의 주역이 될 이스라엘 신세대에게 준 두 번째 설교의 마무리 부분을 통해 하나님께서 백성들을 구원하시고 보배로운 백성이요 성민이 되게 하심은 하나님의 약속에 있음을 보여 줍니다. 이에 백성들이 언약의 백성이 되어 여호와를 하나님으로 인정하고 따르기를 약속합니다.

시 117-118편 하나님을 믿는 의인의 편에 서 있을 때, 하나님의 권능과 기쁨의 구원을 누리게 됨을 보여 줍니다. 하나님은 의의 편에 서서 끝까지 하나님을 의지하는 사람을 구원하십니다. 그 오른손의 권능을 오직 하나님만을 신뢰하는 사람들에게 나타내십니다.

사 53장 예수 그리스도의 고난과 희생으로 우리가 구원을 얻을 수 있었음을 보여 줍니다. 예수 그리스도께서 우리의 모든 질고를 지고 슬픔을 당하셨고 하나님께서 우리의 모든 죄악을 예수 그리스도께 담당시키셨다는 것입니다.

마 1장 아브라함을 시작으로 예수 그리스도까지, 우리의 구원을 위해 이 땅에 오신 예수 그리스도의 족보를 기록하고 있습니다. 여기서 예수 그리스도의 이 땅에 오심과 그 구원은 하나님의 계획 속에서 이루어졌음을 깨닫게 합니다. 곧 하나님은 우리를 향한 구원의 계획을 세우시고 하나님의 시간에 그 구원을 이루셨다는 것입니다.

더 깊은 묵상

하나님은 우리를 위한 구원의 계획을 세우셨습니다. 그 구원을 약속하시고 고난과 희생을 마다하지 않으셨습니다. 따라서 믿음을 통한 의의 편에 서서 하나님의 구원을 누려야 합니다. 하나님의 보배로운 백성으로서 여호와께서 하신 일들을 선포하고 감사하는 삶을 살아야 합니다.

기도와 적용

말씀기도

❶ 구원의 약속을 붙들고 힘써 말씀을 지켜 보배롭고 뛰어난 백성이 되게 하소서.

❷ 이 땅에 오시고 모든 고난과 희생을 감내하신 예수 그리스도를 떠나지 않게 하소서.

❸ 오직 하나님만을 신뢰하며 따르는 의의 편에 서서 권능과 구원의 은혜를 누리게 하소서.

나의 적용

오늘의 감사

믿음으로 감사

소망으로 감사

사랑으로 감사

말씀암송

마 1:21 아들을 낳으리니 이름을 ☐☐라 하라 이는 그가 자기 백성을 그들의 죄에서 ☐☐할 자이심이라 하니라

말씀배경 지식

죽은 자를 위하여 이를 쓰지 아니하였고 (신 26:14)

이 말의 의미는 곧 '죽은 자'는 죽었다가 다시 살아나는 신으로 여겨진 바알을 가리키는 말로 가나안인들은 매추수 때마다 바알에게 곡식을 바쳤다. 따라서 이스라엘은 자신들이 바알 신앙과 무관하다는 것을 하나님께 십일조를 바침으로써 천명했다.

173 일차 365

왕께 경배

6월 22일

신명기 27, 28장 1-19절 | 시편 119편 1-24절 | 이사야 54장 | 마태복음 2장

말씀 연결 행함 (신 27, 28:1-19, 시 119:1-24)

신명기 27, 28장 1-19절 | 말씀의 청종한과 행함

27:2 너희가 요단을 건너 네 하나님 여호와께서 네게 주시는 땅에 들어가는 날에 큰 돌들을 세우고 석회를 바르라

27:4 너희가 요단을 건너거든 내가 오늘 너희에게 명령하는 이 돌들을 에발 산에 세우고 그 위에 석회를 바를 것이며

27:5 또 거기서 네 하나님 여호와를 위하여 제단 곧 돌단을 쌓되 그것에 쇠 연장을 대지 말지니라

27:18 맹인에게 길을 잃게 하는 자는 저주를 받을 것이라 할 것이요 모든 백성은 아멘 할지니라

27:25 무죄한 자를 죽이려고 뇌물을 받는 자는 저주를 받을 것이라 할 것이요 모든 백성은 아멘 할지니라

28:1 네가 네 하나님 여호와의 말씀을 삼가 듣고 내가 오늘 네게 명령하는 그의 모든 명령을 지켜 행하면 네 하나님 여호와께서 너를 세계 모든 민족 위에 뛰어나게 하실 것이라

28:6 네가 들어와도 복을 받고 나가도 복을 받을 것이니라

28:10 땅의 모든 백성이 여호와의 이름이 너를 위하여 불리는 것을 보고 너를 두려워하리라

28:12 여호와께서 너를 위하여 하늘의 아름다운 보고를 여시사 네 땅에 때를 따라 비를 내리시고 네 손으로 하는 모든 일에 복을 주시리니 네가 많은 민족에게 꾸어줄지라도 너는 꾸지 아니할 것이요

시편 119편 1-24절 | 행함의 태도

119:8 내가 주의 율례들을 지키오리니 나를 아주 버리지 마옵소서

119:12 찬송을 받으실 주 여호와여 주의 율례들을 내게 가르치소서

119:14 내가 모든 재물을 즐거워함 같이 주의 증거들의 도를 즐거워하였나이다

119:17 주의 종을 후대하여 살게 하소서 그리하시면 주의 말씀을 지키리이다

119:20 주의 규례들을 항상 사모함으로 내 마음이 상하나이다

오늘의 찬양
찬송가 29장 | 성도여 다 함께

맥체인성경365
942p

말씀 연결 행함과 경배 (사 54, 마 2)

이사야 54장 | 경배하는 자에게 주어지는 약속

54:1 잉태하지 못하며 출산하지 못한 너는 노래할지어다 산고를 겪지 못한 너는
외쳐 노래할지어다 이는 홀로 된 여인의 자식이 남편 있는 자의 자식보다 많음이
라 여호와께서 말씀하셨느니라

54:7 내가 잠시 너를 버렸으나 큰 긍휼로 너를 모을 것이요

54:10 산들이 떠나며 언덕들은 옮겨질지라도 나의 자비는 네게서 떠나지 아니하
며 나의 화평의 언약은 흔들리지 아니하리라 너를 긍휼히 여기시는 여호와께서
말씀하셨느니라

54:11 너 곤고하며 광풍에 요동하여 안위를 받지 못한 자여 보라 내가 화려한 채
색으로 네 돌 사이에 더하며 청옥으로 네 기초를 쌓으며

54:13 네 모든 자녀는 여호와의 교훈을 받을 것이니 네 자녀에게는 큰 평안이 있
을 것이며

54:16 보라 숯불을 불어서 자기가 쓸 만한 연장을 제조하는 장인도 내가 창조하
였고 파괴하며 진멸하는 자도 내가 창조하였은즉

마태복음 2장 | 왕께 경배

2:1 헤롯 왕 때에 예수께서 유대 베들레헴에서 나시매 동방으로부터 박사들이 예
루살렘에 이르러 말하되

2:2 유대인의 왕으로 나신 이가 어디 계시냐 우리가 동방에서 그의 별을 보고 그에
게 경배하러 왔노라 하니

2:16 이에 헤롯이 박사들에게 속은 줄 알고 심히 노하여 사람을 보내어 베들레헴과
그 모든 지경 안에 있는 사내아이를 박사들에게 자세히 알아본 그 때를 기준하여
두 살부터 그 아래로 다 죽이니

2:22 그러나 아켈라오가 그의 아버지 헤롯을 이어 유대의 임금 됨을 듣고 거기로
가기를 무서워하더니 꿈에 지시하심을 받아 갈릴리 지방으로 떠나가

묵상 가이드

신 27-28:19절 신명기의 결론이자 구약 율법서의 전체적인 결론이라 할 수 있는 마지막 세 번째 설교로 매사에 하나님의 주권을 인정하고 그분의 명령에 절대 순복하는 것이 생명에 이르는 길이라고 말씀하고 있습니다. 그리고 28장에서 축복의 산인 그리심 산과 저주의 산인 에발 산에서 저주의 길과 복의 길을 보여 줍니다.

시 119:1~24절 여호와의 율법, 곧 그 말씀을 따라 행하는 자들에게 복이 있음을 말씀하고 있습니다. 힘써 그 말씀에 순종함으로 우리의 행위를 온전하게 세울 수 있음을 보여 줍니다.

사 54장 예루살렘의 회복과 번영, 하나님의 이스라엘을 향한 깊은 사랑 그리고 예루살렘의 재건에 대한 비전을 통해 하나님의 긍휼을 전하는 말씀입니다. 하나님께서 그 백성을 버리셨지만, 다시 모으신다는 것입니다. 하나님께서 진노하셨지만, 다시 자비로 긍휼히 여기신다는 것입니다.

마 2장 동방의 박사들이 이 땅에 왕으로 오신 예수 그리스도를 찾아와 경배하는데, 별의 인도하심을 받았다는 말씀과 또 고국으로 돌아가는데, 꿈을 통한 하나님의 인도하심으로 헤롯의 위험을 피해 돌아가게 되었다는 말씀을 통해 하나님의 인도하시는 복을 보여 줍니다.

더 깊은 묵상

하나님께서 우리 앞에 저주의 길과 복의 길을 두셨습니다. 하나님의 말씀을 지키며 순종하는 것이 복의 길을 선택하는 것입니다. 죄를 회개하고 그 말씀으로 돌이켜 하나님께서 긍휼히 여기시는 은혜를 누리고, 하나님의 인도하심을 따라 살아가는 것이 복의 길입니다.

기도와 적용

말씀기도

❶ 주의 말씀을 힘써 지키며 따름으로 모든 일에 복을 받아 누리게 하소서.
❷ 회개하고 말씀으로 돌이켜 영원한 자비와 긍휼의 복을 누리게 하소서.
❸ 모든 일에 주의 인도하심의 은혜를 누리게 하소서.

나의 적용

오늘의 감사

믿음으로 감사

소망으로 감사

사랑으로 감사

말씀암송

사 54:13 네 모든 [ ][ ]는 여호와의 교훈을 받을 것이니 네 [ ][ ]에게는 큰 평안이 있을 것이며

말씀배경 지식

들어와도 복을 받고 나가도 복을 받을 것이니라 (신 28:6)
이 구절의 의미는 제사 드리는 일이나 재판하는 일 그리고 전쟁에 나가는 일 등과 관련하여 사용되는 표현으로 일상생활을 가리킨다.

174 일차 365

말씀에 청종

6월 23일

신명기 28장 20-68절 | 시편 119편 25-48절 | 이사야 55장 | 마태복음 3장

말씀 연결 말씀의 청종과 전심 (신 28:20-68, 시 119:25-48)

신명기 28장 20-68절 | 말씀에 청종하지 않음과 그 결과

28:20 네가 악을 행하여 그를 잊으므로 네 손으로 하는 모든 일에 여호와께서 저
주와 혼란과 책망을 내리사 망하며 속히 파멸하게 하실 것이며

28:23 네 머리 위의 하늘은 놋이 되고 네 아래의 땅은 철이 될 것이며

28:26 네 시체가 공중의 모든 새와 땅의 짐승들의 밥이 될 것이나 그것들을 쫓아
줄 자가 없을 것이며

28:30 네가 여자와 약혼하였으나 다른 사람이 그 여자와 같이 동침할 것이요 집
을 건축하였으나 거기에 거주하지 못할 것이요 포도원을 심었으나 네가 그 열매
를 따지 못할 것이며

28:35 여호와께서 네 무릎과 다리를 쳐서 고치지 못할 심한 종기를 생기게 하여
발바닥에서부터 정수리까지 이르게 하시리라

28:40 네 모든 경내에 감람나무가 있을지라도 그 열매가 떨어지므로 그 기름을
네 몸에 바르지 못할 것이며

28:43 너의 중에 우거하는 이방인은 점점 높아져서 네 위에 뛰어나고 너는 점점
낮아질 것이며

28:46 이 모든 저주가 너와 네 자손에게 영원히 있어서 표징과 훈계가 되리라

시편 119편 25-48절 | 전심으로 지킴

119:28 나의 영혼이 눌림으로 말미암아 녹사오니 주의 말씀대로 나를 세우소서

119:29 거짓 행위를 내게서 떠나게 하시고 주의 법을 내게 은혜로이 베푸소서

119:30 내가 성실한 길을 택하고 주의 규례들을 내 앞에 두었나이다

119:35 나로 하여금 주의 계명들의 길로 행하게 하소서 내가 이를 즐거워함이니이다

119:36 내 마음을 주의 증거들에게 향하게 하시고 탐욕으로 향하지 말게 하소서

119:48 또 내가 사랑하는 주의 계명들을 향하여 내 손을 들고 주의 율례들을 작은
소리로 읊조리리이다

오늘의 찬양

찬송가 347장 | 허락하신 새 땅에

맥체인성경365
947p

말씀 연결 들음과 청종 (사 55, 마 3)

이사야 55장 | 귀를 기울여 들음

55:1 오호라 너희 모든 목마른 자들아 물로 나아오라 돈 없는 자도 오라 너희는
와서 사 먹되 돈 없이, 값 없이 와서 포도주와 젖을 사라

마태복음 3장 | 선지자와 하나님께 청종

3:2 회개하라 천국이 가까이 왔느니라 하였으니

3:4 이 요한은 낙타털 옷을 입고 허리에 가죽 띠를 띠고 음식은 메뚜기와 석청이었
더라

3:7 요한이 많은 바리새인들과 사두개인들이 세례 베푸는 데로 오는 것을 보고 이
르되 독사의 자식들아 누가 너희를 가르쳐 임박한 진노를 피하라 하더냐

3:9 속으로 아브라함이 우리 조상이라고 생각하지 말라 내가 너희에게 이르노니
하나님이 능히 이 돌들로도 아브라함의 자손이 되게 하시리라

3:15 예수께서 대답하여 이르시되 이제 허락하라 우리가 이와 같이 하여 모든 의를
이루는 것이 합당하니라 하시니 이에 요한이 허락하는지라

묵상 가이드

신 28:20~68절 하나님의 명령에 순종하는 것과 불순종하는 것은 한 개인의 불행과 한 나라의 운명을 결정짓는 중요한 관건이 된다고 말씀하면서 여호와를 사모해야 함을 보여 줍니다. 곧 여호와를 사모함으로 경외하며 그 말씀을 힘써 지켜야 합니다. 하나님께 대한 순종은 생명과 평안과 풍요에 이르는 지름길이요 불순종은 멸망에 이르는 지름길입니다.

시 119:25~48절 주의 말씀을 사모한 신앙인의 간구를 통해 주의 법도들을 사모해야 함을 보여 줍니다. 사모하고 따른 말씀이 우리를 살리는 생명과 구원의 축복에 이르게 합니다.

사 55장 하나님의 긍휼을 믿고 사모해야 함을 가르쳐줍니다. 죄를 회개하고 하나님께 돌이킬 때, 하나님은 심판하지 않으시고 긍휼로 죄를 용서하심을 믿어야 한다는 것입니다. 우리가 죄를 용서받고 살 수 있는 유일한 길은 오직 하나님의 긍휼밖에 없음을 깨닫고 긍휼을 사모해야 합니다.

마 3장 세례 요한이 광야에 등장하여 백성들에게 회개를 외치는 장면과 예수님께서 요한에게 세례를 받으시는 장면이 언급되고 있습니다. 예루살렘과 유대와 온 사방에서 수많은 사람이 세례 요한에게 나아와 죄를 자복하고 세례를 받는 말씀에서 죄의 용서를 사모해야 함을 보여 줍니다.

더 깊은 묵상

우리는 하나님의 진노와 재앙이 아닌 축복을 받아야 합니다. 따라서 하나님을 경외하며 그 말씀을 사모하고 지켜야 합니다. 죄의 용서를 구하며 하나님 앞에 나아와 회개해야 하고, 그 긍휼의 은혜를 사모하며 구해야 합니다.

기도와 적용

말씀기도

❶ 말씀을 사모하며 끝까지 지켜 구원과 생명의 축복을 누리게 하소서.
❷ 불의한 길에서 여호와께로 돌이켜 긍휼의 은혜를 놓치지 않게 하소서.
❸ 하나님의 진노를 피하는 길은 오직 회개임을 깨닫고, 회개하여 용서의 은혜를 누리게 하소서.

나의 적용

오늘의 감사

믿음으로 감사

소망으로 감사

사랑으로 감사

말씀암송

마 3:2 ☐☐하라 천국이 가까이 왔느니라 하였으니

말씀배경 지식

신 28:30
약혼한 자, 새집을 지은 자, 포도원을 만든 자 등은 1년간 병역을 면제 받았다. 이는 여호와께서 보호하시고 승리를 주셨기 때문에 가능했던 것이다. 하지만 본문처럼 하나님의 계명을 지키지 않으므로 인해서 이스라엘이 패배할 경우 원수들이 아내와 집과 포도원을 약탈해 갈 것이다.

175 일차 / 365

소유

6월 24일

신명기 29장 | 시편 119편 49-72절 | 이사야 56장 | 마태복음 4장

말씀 연결 언약과 법도 (신 29, 시 119:49-72)

신명기 29장 | 언약의 말씀을 지켜 행함

29:3 곧 그 큰 시험과 이적과 큰 기사를 네 눈으로 보았느니라

29:13 여호와께서 네게 말씀하신 대로 또 네 조상 아브라함과 이삭과 야곱에게
맹세하신 대로 오늘 너를 세워 자기 백성을 삼으시고 그는 친히 네 하나님이 되
시려 함이니라

29:17 너희가 또 그들 중에 있는 가증한 것과 목석과 은금의 우상을 보았느니
라)

29:18 너희 중에 남자나 여자나 가족이나 지파나 오늘 그 마음이 우리 하나님 여
호와를 떠나서 그 모든 민족의 신들에게 가서 섬길까 염려하며 독초와 쑥의 뿌리
가 너희 중에 생겨서

29:29 감추어진 일은 우리 하나님 여호와께 속하였거니와 나타난 일은 영원히
우리와 우리 자손에게 속하였나니 이는 우리에게 이 율법의 모든 말씀을 행하게
하심이니라

시편 119편 49-72절 | 법도를 지킴

119:50 이 말씀은 나의 고난 중의 위로라 주의 말씀이 나를 살리셨기 때문이니이
다

119:52 여호와여 주의 옛 규례들을 내가 기억하고 스스로 위로하였나이다

119:54 내가 나그네 된 집에서 주의 율례들이 나의 노래가 되었나이다

119:61 악인들의 줄이 내게 두루 얽혔을지라도 나는 주의 법을 잊지 아니하였나
이다

119:72 주의 입의 법이 내게는 천천 금은보다 좋으니이다

오늘의 찬양
찬송가 383장 | 눈을 들어 산을 보니

맥체인성경365
953p

말씀 연결 정의와 예수를 따름 (사 56, 마 4)

이사야 56장 | 정의를 지키며 의를 행함

56:3 여호와께 연합한 이방인은 말하기를 여호와께서 나를 그의 백성 중에서 반
드시 갈라내시리라 하지 말며 고자도 말하기를 나는 마른 나무라 하지 말라

56:4 여호와께서 이와 같이 말씀하시기를 나의 안식일을 지키며 내가 기뻐하는
일을 선택하며 나의 언약을 굳게 잡는 고자들에게는

56:7 내가 곧 그들을 나의 성산으로 인도하여 기도하는 내 집에서 그들을 기쁘
게 할 것이며 그들의 번제와 희생을 나의 제단에서 기꺼이 받게 되리니 이는 내
집은 만민이 기도하는 집이라 일컬음이 될 것임이라

마태복음 4장 | 하나님의 입의 말씀대로 살아감과 예수를 따름

4:8 마귀가 또 그를 데리고 지극히 높은 산으로 가서 천하 만국과 그 영광을 보여

4:13 나사렛을 떠나 스불론과 납달리 지경 해변에 있는 가버나움에 가서 사시니

4:15 스불론 땅과 납달리 땅과 요단 강 저편 해변 길과 이방의 갈릴리여

4:21 거기서 더 가시다가 다른 두 형제 곧 세베대의 아들 야고보와 그의 형제 요한
이 그의 아버지 세베대와 함께 배에서 그물 깁는 것을 보시고 부르시니

묵상 가이드

신 29장 하나님께서 이스라엘의 모든 백성과 모압 평지에서 맺은 언약을 통해 하나님의 언약과 맹세에 참여하고 그 말씀을 지킬 것을 명령하는 말씀입니다. 모든 백성을 한 자리에 세워 하나님께서 조상들과 맹세하신 언약대로 백성들을 하나님의 백성으로 삼으시고, 백성들의 하나님이 되고자 하신다는 것입니다.

시 119:49~72절 하나님의 말씀은 고난보다 귀하고, 천천 금은보다 귀하다는 말씀입니다. 고난을 통해 주의 율례들을 배웠기에 당하는 고난이 유익이라고 고백하고 있는데, 곧 당한 고난보다 이를 통해 배운 주님의 말씀이 더 크고 소중하다는 것입니다.

사 56장 고자와 이방인이라는 제한된 자격보다 하나님의 말씀을 지키는 것이 더 중요하다는 가르침입니다. 하나님은 자격과 신분이 아니라 하나님을 사랑하여 언약을 굳게 잡고, 그 말씀을 지키며 살아가는 자를 인정하시며 축복하신다는 것입니다.

마 4장 마귀의 시험은 양식에 대한 시험, 인기와 명성에 대한 시험, 권력에 대한 시험으로 정리할 수 있습니다. 이것은 예수님의 공생애 사역 기간 내내 부딪혀야 했던 문제들이었습니다. 그러나 예수님은 말씀으로 그 모든 시험을 이기셨고, 하나님의 말씀이 모든 시험을 이기는 능력이 됨을 보여 주셨습니다.

더 깊은 묵상

하나님의 말씀은 신실하여 반드시 성취됩니다. 그 말씀은 천천 금은보다 귀하며, 환경을 초월해 축복을 이루고, 모든 마귀의 시험을 이기게 합니다. 따라서 그 말씀에 참여하며 힘써 말씀을 사랑하고 지키고 앞세워야 합니다.

기도와 적용

말씀기도

❶ 천천 은금보다 말씀이 귀함을 깨닫고, 말씀을 자산으로 삼고 추구하게 하소서.
❷ 제한된 환경과 조건으로 낙심하지 않고, 환경을 초월하는 말씀의 축복을 누리게 하소서.
❸ 믿음의 유혹에 넘어지지 말고, 말씀을 붙들고 앞세워 승리하게 하소서.

나의 적용

오늘의 감사

믿음으로 감사

소망으로 감사

사랑으로 감사

말씀암송

시 119:50 이 말씀은 나의 ☐☐ 중의 ☐☐라 주의 말씀이 나를 살리셨기 때문이니이다

말씀배경 지식

시험 (마 4:1)
이 단어는 정확하게 말하면 시험이 아니라 '유혹'이라고 봐야 한다. 사탄은 시험하지 않는다. 성도를 유혹한다. 하나님은 유혹하지 않으신다. 하나님은 시험하신다. 시험이라는 단어는 하나님께 사용하는 것이 옳고, 사탄은 유혹이라는 단어를 사용하는 것이 맞다. 시험과 유혹은 비슷하게 보이지만 목적이 다르기 때문에 그 결과는 완전히 다르다.

176 일차 365

다시 찾아온 사랑

6월 25일

신명기 30장 | 시편 119편 73-96절 | 이사야 57장 | 마태복음 5장

말씀 연결 마음과 법도 (신 30, 시 119:73-96)

신명기 30장 | 하나님이 마음을 돌이키심

30:1 내가 네게 진술한 모든 복과 저주가 네게 임하므로 네가 네 하나님 여호와로부터 쫓겨간 모든 나라 가운데서 이 일이 마음에서 기억이 나거든

30:3 네 하나님 여호와께서 마음을 돌이키시고 너를 긍휼히 여기사 포로에서 돌아오게 하시되 네 하나님 여호와께서 흩으신 그 모든 백성 중에서 너를 모으시리니

30:8 너는 돌아와 다시 여호와의 말씀을 청종하고 내가 오늘 네게 명령하는 그 모든 명령을 행할 것이라

30:11 내가 오늘 네게 명령한 이 명령은 네게 어려운 것도 아니요 먼 것도 아니라

30:14 오직 그 말씀이 네게 매우 가까워서 네 입에 있으며 네 마음에 있은즉 네가 이를 행할 수 있느니라

30:19 내가 오늘 하늘과 땅을 불러 너희에게 증거를 삼노라 내가 생명과 사망과 복과 저주를 네 앞에 두었은즉 너와 네 자손이 살기 위하여 생명을 택하고

시편 119편 73-96절 | 법도들을 영원히 잊지 않음

119:78 교만한 자들이 거짓으로 나를 엎드러뜨렸으니 그들이 수치를 당하게 하소서 나는 주의 법도들을 작은 소리로 읊조리리이다

119:83 내가 연기 속의 가죽 부대 같이 되었으나 주의 율례들을 잊지 아니하나이다

119:89 여호와여 주의 말씀은 영원히 하늘에 굳게 섰사오며

119:90 주의 성실하심은 대대에 이르나이다 주께서 땅을 세우셨으므로 땅이 항상 있사오니

119:96 내가 보니 모든 완전한 것이 다 끝이 있어도 주의 계명들은 심히 넓으니이다

오늘의 찬양
찬송가 313장 | 내 임금 예수 내 주여

맥체인성경365
957p

말씀 연결 고침과 계명 (사 57, 마 5)

이사야 57장 | 고쳐주심

57:6 골짜기 가운데 매끄러운 돌들 중에 네 몫이 있으니 그것들이 곧 네가 제비
뽑아 얻은 것이라 또한 네가 전제와 예물을 그것들에게 드리니 내가 어찌 위로를
받겠느냐

57:8 네가 또 네 기념표를 문과 문설주 뒤에 두었으며 네가 나를 떠나 벗고 올라
가서 네 침상을 넓히고 그들과 언약하며 또 네가 그들의 침상을 사랑하여 그 벌
거벗은 것을 보았으며

57:12 네 공의를 내가 보이리라 네가 행한 일이 네게 무익하니라

57:16 내가 영원히 다투지 아니하며 내가 끊임없이 노하지 아니할 것은 내가 지
은 그의 영과 혼이 내 앞에서 피곤할까 함이라

57:17 그의 탐심의 죄악으로 말미암아 내가 노하여 그를 쳤으며 또 내 얼굴을 가
리고 노하였으나 그가 아직도 패역하여 자기 마음의 길로 걸어가도다

57:19 입술의 열매를 창조하는 자 여호와가 말하노라 먼 데 있는 자에게든지 가
까운 데 있는 자에게든지 평강이 있을지어다 평강이 있을지어다 내가 그를 고치
리라 하셨느니라

마태복음 5장 | 천국 계명

5:5 온유한 자는 복이 있나니 그들이 땅을 기업으로 받을 것임이요

5:6 의에 주리고 목마른 자는 복이 있나니 그들이 배부를 것임이요

5:13 너희는 세상의 소금이니 소금이 만일 그 맛을 잃으면 무엇으로 짜게 하리요
후에는 아무 쓸 데 없어 다만 밖에 버려져 사람에게 밟힐 뿐이니라

5:14 너희는 세상의 빛이라 산 위에 있는 동네가 숨겨지지 못할 것이요

5:15 사람이 등불을 켜서 말 아래에 두지 아니하고 등경 위에 두나니 이러므로 집
안 모든 사람에게 비치느니라

5:17 내가 율법이나 선지자를 폐하러 온 줄로 생각하지 말라 폐하러 온 것이 아니
요 완전하게 하려 함이라

5:18 진실로 너희에게 이르노니 천지가 없어지기 전에는 율법의 일점 일획도 결코
없어지지 아니하고 다 이루리라

묵상 가이드

신 30장 심판과 저주 선포로 두려워하는 이스라엘에 전해진 소망과 위로의 메시지입니다. 곧 자기 백성의 멸망을 원하지 않으시는 하나님은 회개하는 자를 회복시켜주십니다. 고난은 바른길로 인도하시려는 하나님의 사랑의 연단인 것을 보여 줍니다.

시 119:73~96절 어떤 고난과 환난 중에서도 하나님의 말씀을 포기하지 않고, 그 말씀을 의지하고 말씀에 소망을 두었다는 것을 통해 포기하지 않아야 하는 말씀을 보여 줍니다. 어떤 고난과 고통 속에서도 말씀을 잊지 않고 붙들어야 한다는 것입니다.

사 57장 이스라엘 백성들이 우상을 숭배하며 가증한 일을 행했음을 고발하는 말씀입니다. 나무 사이와 아래에서 또 골짜기 가운데서 끊임없이 우상을 숭배하며 예물을 가져다 헛된 제사를 드리며, 자녀를 제물로 바치는 몰렉 숭배까지 행했다는 것입니다. 말씀에 순종하고 하나님을 경외해야 하는 백성들이 말씀에서 떠나 우상을 숭배하며 가증한 일을 행했음을 보여 줍니다.

마 5장 예수님은 구약의 말씀을 폐하러 온 것이 아니라 완전케하기 위해 오셨다고 말씀하고 있습니다. 곧 구약의 말씀은 예수 그리스도께서 이 땅에 오셔서 구원을 이루신다는 것이 핵심입니다. 따라서 예수님의 이 땅에 오심과 그 사역을 통해 이루시는 구원은 구약의 말씀을 성취하며 완전케 하는 것입니다.

더 깊은 묵상

하나님의 말씀에서 떠나지 말아야 합니다. 오히려 신실한 말씀의 결과를 깨닫고 말씀을 기억하여 말씀으로 돌이켜야 합니다. 환난과 고난 중에도 말씀을 포기하지 말고 붙잡아야 합니다. 무엇보다 예수로 완전케 되는 말씀을 바르게 붙잡아야 합니다.

기도와 적용

말씀기도

❶ 말씀에서 떠나지 않겠사오니 번성케 하시는 축복을 누리게 하소서.
❷ 고난 중에도 말씀을 잊지 않아 생명의 축복을 누리게 하소서.
❸ 주님께서 성취하시고 완전케 하신 말씀을 붙들고 순종하여 구원의 축복을 누리게 하소서.

나의 적용

오늘의 감사

믿음으로 감사

소망으로 감사

사랑으로 감사

말씀암송

마 5:5 □□한 자는 복이 있나니 그들이 땅을 □□으로 받을 것임이요

말씀배경 지식

일점일획 (마 5:18)
'일점'은 헬라어의 가장 작은 글자 '이오타'를, '일획'은 히브리어에서 혼동되기 쉬운 철자를 구분하는 작은'획'이다. 즉 '일점일획'은 단어를 구성하는 지극히 사소한 요소를 일컫는 문학적 표현이다.

177 일차 365

6월 26일

말씀에 대한 태도

신명기 31장 | 시편 119편 97-120절 | 이사야 58장 | 마태복음 6장

말씀 연결 행함과 사랑 (신 31, 시 119:97-120)

신명기 31장 | 듣고 배우고 지켜 행함

31:2 그들에게 이르되 이제 내 나이 백이십 세라 내가 더 이상 출입하지 못하겠고 여호와께서도 내게 이르시기를 너는 이 요단을 건너지 못하리라 하셨느니라

31:3 여호와께서 이미 말씀하신 것과 같이 네 하나님 여호와께서 너보다 먼저 건너가사 이 민족들을 네 앞에서 멸하시고 네가 그 땅을 차지하게 할 것이며 여호수아는 네 앞에서 건너갈지라

31:9 또 모세가 이 율법을 써서 여호와의 언약궤를 메는 레위 자손 제사장들과 이스라엘 모든 장로에게 주고

31:14 여호와께서 모세에게 이르시되 네가 죽을 기한이 가까웠으니 여호수아를 불러서 함께 회막으로 나아오라 내가 그에게 명령을 내리리라 모세와 여호수아가 나아가서 회막에 서니

31:17 내가 그들에게 진노하여 그들을 버리며 내 얼굴을 숨겨 그들에게 보이지 않게 할 것인즉 그들이 삼킴을 당하여 허다한 재앙과 환난이 그들에게 임할 그 때에 그들이 말하기를 이 재앙이 우리에게 내림은 우리 하나님이 우리 가운데에 계시지 않은 까닭이 아니냐 할 것이라

31:26 이 율법책을 가져다가 너희 하나님 여호와의 언약궤 곁에 두어 너희에게 증거가 되게 하라

시편 119편 97-120절 | 사랑하고 송이 꿀처럼 달게 먹음

119:98 주의 계명들이 항상 나와 함께 하므로 그것들이 나를 원수보다 지혜롭게 하나이다

119:100 주의 법도들을 지키므로 나의 명철함이 노인보다 나으니이다

119:103 주의 말씀의 맛이 내게 어찌 그리 단지요 내 입에 꿀보다 더 다니이다

119:109 나의 생명이 항상 위기에 있사오나 나는 주의 법을 잊지 아니하나이다

119:113 내가 두 마음 품는 자들을 미워하고 주의 법을 사랑하나이다

119:119 주께서 세상의 모든 악인들을 찌꺼기 같이 버리시니 그러므로 내가 주의 증거들을 사랑하나이다

오늘의 찬양
찬송가 328장 | 너 주의 사람아

맥체인성경365
963p

말씀 연결 하나님과 가까이 살아감 (사 58, 마 6)

이사야 58장 | 하나님과 가까이 함

58:2 그들이 날마다 나를 찾아 나의 길 알기를 즐거워함이 마치 공의를 행하여
그의 하나님의 규례를 저버리지 아니하는 나라 같아서 의로운 판단을 내게 구하
며 하나님과 가까이 하기를 즐거워하는도다

58:6 내가 기뻐하는 금식은 흉악의 결박을 풀어 주며 멍에의 줄을 끌러 주며 압
제 당하는 자를 자유하게 하며 모든 멍에를 꺾는 것이 아니겠느냐

58:7 또 주린 자에게 네 양식을 나누어 주며 유리하는 빈민을 집에 들이며 헐벗
은 자를 보면 입히며 또 네 골육을 피하여 스스로 숨지 아니하는 것이 아니겠느
냐

58:8 그리하면 네 빛이 새벽 같이 비칠 것이며 네 치유가 급속할 것이며 네 공의
가 네 앞에 행하고 여호와의 영광이 네 뒤에 호위하리니

58:13 만일 안식일에 네 발을 금하여 내 성일에 오락을 행하지 아니하고 안식일
을 일컬어 즐거운 날이라, 여호와의 성일을 존귀한 날이라 하여 이를 존귀하게
여기고 네 길로 행하지 아니하며 네 오락을 구하지 아니하며 사사로운 말을 하지
아니하면

마태복음 6장 | 말씀대로 살아감

6:2 그러므로 구제할 때에 외식하는 자가 사람에게서 영광을 받으려고 회당과 거
리에서 하는 것 같이 너희 앞에 나팔을 불지 말라 진실로 너희에게 이르노니 그들
은 자기 상을 이미 받았느니라

6:6 너는 기도할 때에 네 골방에 들어가 문을 닫고 은밀한 중에 계신 네 아버지께
기도하라 은밀한 중에 보시는 네 아버지께서 갚으시리라

6:7 또 기도할 때에 이방인과 같이 중언부언하지 말라 그들은 말을 많이 하여야 들
으실 줄 생각하느니라

6:19 너희를 위하여 보물을 땅에 쌓아 두지 말라 거기는 좀과 동록이 해하며 도둑
이 구멍을 뚫고 도둑질하느니라

6:23 눈이 나쁘면 온 몸이 어두울 것이니 그러므로 네게 있는 빛이 어두우면 그 어
둠이 얼마나 더하겠느냐

묵상 가이드

신 31장 하나님의 말씀을 전하며 가르쳐 그 백성들이 말씀을 끊임없이 듣고 배워야 함을 강조하고 있는 말씀입니다. 매 칠년 끝 해, 곧 면제년의 초막절에 아이들과 타국인을 포함한 남녀 모든 백성들을 불러 모아 하나님의 말씀을 낭독하여 듣게 하라는 것입니다. 말씀을 가르쳐 하나님 경외하기를 배우게 하라고 말씀하고 있습니다.

시 119:97~120절 주의 법, 곧 그 말씀을 사랑하였고, 따라서 종일 그 말씀을 묵상했음을 고백하고 있습니다. 그 말씀이 꿀보다 더 달다는 고백을 통해 말씀을 사랑해야 함을 보여 줍니다.

사 58장 금식에 대한 말씀으로, 참된 금식은 삶이 담긴 금식임을 가르쳐주는 말씀입니다. 형식적으로 음식만 금하는 것이 아니라, 그 삶에서 구체적으로 하나님 사랑의 삶을 실천해야 한다는 것입니다. 사랑의 실천이 있어야 참된 금식이라고 말씀하고 있습니다.

마 6장 말씀에 진실해야 함을 보여 줍니다. 말씀에 대한 실천이 진실해야 한다는 것입니다. 남에게 보이기 위한 외식적인 행동은 옳지 않다고 가르치셨습니다. 하나님을 사랑하고 또 그 말씀을 사랑하기에 진실한 마음으로 실천해야 합니다.

더 깊은 묵상

신실하신 하나님의 말씀에 축복이 있고, 우리는 이 축복을 누려야 합니다. 따라서 말씀을 가까이 두고 듣고 또 들어야 합니다. 또한 들은 말씀을 삶에서 실천해야 합니다. 사람에게 보이기 위해서가 아니라 진실함으로 실천해야 합니다. 따라서 또한 말씀을 사랑해야 합니다. 사랑하면 진실함으로 실천할 수 있습니다.

기도와 적용

말씀기도

❶ 말씀을 사랑하여 환난과 고난 중에도 말씀을 포기하지 않게 하소서.
❷ 듣고 배운 말씀을 삶에서 힘써 실천하게 하소서.
❸ 사람에게 보이기 위해서가 아니라 진실함으로 하나님의 말씀을 지켜 가게 하소서.

나의 적용

오늘의 감사

믿음으로 감사

소망으로 감사

사랑으로 감사

말씀암송

마 6:33 그런즉 너희는 먼저 그의 [ ][ ]와 그의 [ ]를 구하라 그리하면 이 모든 것을 너희에게 더하시리라

말씀배경 지식

마태복음 6장 16절
유대인의 금식 풍습은 1년에 네 차례에 걸쳐 금식하였다. 첫 번째는 바벨론이 예루살렘 포위를 시작한 10월 10일, 두 번째는 예루살렘이 함락된 4월 9일, 세 번째는 성전이 파괴된 5월 7일, 그리고 네 번째는 그달랴가 살해된 7월 2일이다. 한편 바리새인은 모세가 율법을 받으러 시내 산으로 올라간 목요일과 하산한 월요일에도 금식하였다.

구원의 노래

내겐 큰 성이 하나 있네
내 요새요 피난처시라
폭양을 피하는 그늘이 되시나니
이방인의 소란을 그치게 하시며
포학한 자의 노래를 낮추시는 은총이라

패하지 않을 성읍
사탄이 넘보지 못할 견고한 성
곤고한 자가 부르짖으매 문들이 열려
광활한 생명의 땅으로 인도하심이여

영혼의 헐벗음으로 고통의 재를 뒤집어써도
결코 흔들리지 않는 소망의 문 열어
견고한 심지로 불을 밝히게 하시니
곧 평강에 평강을 더하시는 은혜요 은혜여라

178 일차 365

천국에 들어가는 자

6월 27일

신명기 32장 | 시편 119편 121-144절 | 이사야 59장 | 마태복음 7장

말씀 연결 보호와 보증 (신 32, 시 119:121-144)

신명기 32장 | 여호와의 보호와 지키심

32:1 하늘이여 귀를 기울이라 내가 말하리라 땅은 내 입의 말을 들을지어다

32:5 그들이 여호와를 향하여 악을 행하니 하나님의 자녀가 아니요 흠이 있고 삐
뚤어진 세대로다

32:7 옛날을 기억하라 역대의 연대를 생각하라 네 아버지에게 물으라 그가 네게
설명할 것이요 네 어른들에게 물으라 그들이 네게 말하리로다

32:10 여호와께서 그를 황무지에서, 짐승이 부르짖는 광야에서 만나시고 호위하
시며 보호하시며 자기의 눈동자 같이 지키셨도다

32:15 그런데 여수룬이 기름지매 발로 찼도다 네가 살찌고 비대하고 윤택하매
자기를 지으신 하나님을 버리고 자기를 구원하신 반석을 업신여겼도다

32:16 그들이 다른 신으로 그의 질투를 일으키며 가증한 것으로 그의 진노를 격
발하였도다

32:22 그러므로 내 분노의 불이 일어나서 스올의 깊은 곳까지 불사르며 땅과 그
소산을 삼키며 산들의 터도 불타게 하는도다

32:44 모세와 눈의 아들 호세아가 와서 이 노래의 모든 말씀을 백성에게 말하여
들리니라

32:49 너는 여리고 맞은편 모압 땅에 있는 아바림 산에 올라가 느보 산에 이르러
내가 이스라엘 자손에게 기업으로 주는 가나안 땅을 바라보라

시편 119편 121-144절 | 하나님의 보증하심

119:122 주의 종을 보증하사 복을 얻게 하시고 교만한 자들이 나를 박해하지 못
하게 하소서

119:126 그들이 주의 법을 폐하였사오니 지금은 여호와께서 일하실 때니이다

119:131 내가 주의 계명들을 사모하므로 내가 입을 열고 헐떡였나이다

119:135 주의 얼굴을 주의 종에게 비추시고 주의 율례로 나를 가르치소서

119:139 내 대적들이 주의 말씀을 잊어버렸으므로 내 열정이 나를 삼켰나이다

오늘의 찬양
찬송가 521장 | 구원으로 인도하는

맥체인성경365
968p

말씀 연결 죄과를 행함 (사 59, 마 7)

이사야 59장 | 죄과를 떠남

59:5 독사의 알을 품으며 거미줄을 짜나니 그 알을 먹는 자는 죽을 것이요 그 알
이 밟힌즉 터져서 독사가 나올 것이니라

59:6 그 짠 것으로는 옷을 이룰 수 없을 것이요 그 행위로는 자기를 가릴 수 없을
것이며 그 행위는 죄악의 행위라 그 손에는 포악한 행동이 있으며

59:10 우리가 맹인 같이 담을 더듬으며 눈 없는 자 같이 두루 더듬으며 낮에도
황혼 때 같이 넘어지니 우리는 강장한 자 중에서도 죽은 자 같은지라

59:15 성실이 없어지므로 악을 떠나는 자가 탈취를 당하는도다

59:18 그들의 행위대로 갚으시되 그 원수에게 분노하시며 그 원수에게 보응하시
며 섬들에게 보복하실 것이라

59:21 여호와께서 이르시되 내가 그들과 세운 나의 언약이 이러하니 곧 네 위에
있는 나의 영과 네 입에 둔 나의 말이 이제부터 영원하도록 네 입에서와 네 후손
의 입에서와 네 후손의 후손의 입에서 떠나지 아니하리라 하시니라 여호와의 말
씀이니라

마태복음 7장 | 죄과를 떠남

7:1 비판을 받지 아니하려거든 비판하지 말라

7:6 거룩한 것을 개에게 주지 말며 너희 진주를 돼지 앞에 던지지 말라 그들이 그것
을 발로 밟고 돌이켜 너희를 찢어 상하게 할까 염려하라

7:8 구하는 이마다 받을 것이요 찾는 이는 찾아낼 것이요 두드리는 이에게는 열릴
것이니라

7:15 거짓 선지자들을 삼가라 양의 옷을 입고 너희에게 나아오나 속에는 노략질하
는 이리라

7:21 나더러 주여 주여 하는 자마다 다 천국에 들어갈 것이 아니요 다만 하늘에 계
신 내 아버지의 뜻대로 행하는 자라야 들어가리라

7:22 그 날에 많은 사람이 나더러 이르되 주여 주여 우리가 주의 이름으로 선지자
노릇 하며 주의 이름으로 귀신을 쫓아 내며 주의 이름으로 많은 권능을 행하지 아
니하였나이까 하리니

묵상 가이드

신 32장 하나님의 말씀이 생명이 됨을 전하고 있습니다. 하나님의 말씀을 지켜 행할 때에, 그 말씀이 결코 헛되이 사라지지 아니하고 생명으로 이어짐을 말씀하고 있습니다. 따라서 모세는 하나님의 말씀으로 지은 노래를 백성들에게 들려준 후, 이 말씀을 마음에 두고 또 자녀들에게 가르쳐 지키게 하라고 명령했습니다.

시 119:121~144절 주의 말씀이 의로움을 전하고 있습니다. 특별히 주의 증거들 곧 주의 말씀은 영원히 의로움을 전하고 있고, 따라서 신앙인은 주의 말씀을 피곤할 만큼 사모한다고 고백하며, 그 의로운 말씀을 깨달아 생명의 삶을 살기를 간구하는 것을 보여 줍니다.

사 59장 하나님의 언약이 영원함을 전하는 말씀입니다. 하나님의 말씀을 영원하도록 자자손손 전하라는 명령은 곧 하나님의 말씀 자체는 영원함을 가르쳐줍니다. 백성들이 죄에서 돌이켜 말씀을 지키고, 또 그 말씀을 후손의 후손까지 끊임없이 가르쳐 후손들도 말씀 안에 서면, 언약의 말씀은 변함없이 이어진다는 것입니다.

마 7장 주님의 말씀을 듣고 따르는 자는 지혜로운 사람과 같다는 주님의 가르침입니다. 지혜로운 사람은 비바람과 창수라는 심판과 환난이 있음을 알아 반석에 믿음의 집을 굳건히 세우는 사람이라는 것입니다. 아무리 강한 비바람이 몰아치고 창수가 나도 말씀을 듣고 지켜 반석에 믿음을 세웠기에 무너지지 않는다고 말씀하고 있습니다.

더 깊은 묵상

하나님의 말씀은 의롭고 영원합니다. 내일의 심판을 준비하는 지혜가 되며 우리를 살리는 생명이 됩니다. 따라서 말씀으로 죄를 이기고 반석 위에 우리의 믿음을 세워야 합니다. 하나님의 택한 백성으로서 하나님의 보호하심으로 인하여 모든 죄악을 떠나야 합니다.

기도와 적용

말씀기도

❶ 주의 말씀 위에 우리의 발걸음을 굳게 세워 어떤 죄악도 틈타지 못하게 하소서.
❷ 주의 말씀을 지켜 생명을 누리게 하시고, 약속의 말씀을 자녀에게까지 이어가게 하소서.
❸ 주의 말씀을 듣고 순종하여 내일의 환난과 심판을 준비하는 지혜로운 사람 되게 하소서.

나의 적용

오늘의 감사

믿음으로 감사

소망으로 감사

사랑으로 감사

말씀암송

시 119:135 주의 ☐☐을 주의 ☐에게 비추시고 주의 ☐☐로 나를 가르치소서

말씀배경 지식

귀신 (신 32:17)
귀신의 원어의 뜻은 수호신 혹은 악령이다. 악귀를 부리는 자를 비롯하여 요사스럽고 못된 잡귀의 총칭이다. 악의 세력들을 가리키며 사탄은 귀신의 왕으로 불린다.

179 일차 365

6월 28일

빛이신 하나님 안에서 사는 자

신명기 33-34장 | 시편 119편 145-176절 | 이사야 60장 | 마태복음 8장

말씀 연결 행복한 길 (신 33-34, 시 119:145-176)

신명기 33-34장 | 행복한 사람

33:2 그가 일렀으되 여호와께서 시내 산에서 오시고 세일 산에서 일어나시고 바란 산에서 비추시고 일만 성도 가운데에 강림하셨고 그의 오른손에는 그들을 위해 번쩍이는 불이 있도다

33:4 모세가 우리에게 율법을 명령하였으니 곧 야곱의 총회의 기업이로다

33:8 레위에 대하여는 일렀으되 주의 둠밈과 우림이 주의 경건한 자에게 있도다 주께서 그를 맛사에서 시험하시고 므리바 물 가에서 그와 다투셨도다

33:11 여호와여 그의 재산을 풍족하게 하시고 그의 손의 일을 받으소서 그를 대적하여 일어나는 자와 미워하는 자의 허리를 꺾으사 다시 일어나지 못하게 하옵소서

33:17 그는 첫 수송아지 같이 위엄이 있으니 그 뿔이 들소의 뿔 같도다 이것으로 민족들을 받아 땅 끝까지 이르리니 곧 에브라임의 자손은 만만이요 므낫세의 자손은 천천이리로다

33:21 그가 자기를 위하여 먼저 기업을 택하였으니 곧 입법자의 분깃으로 준비된 것이로다 그가 백성의 수령들과 함께 와서 여호와의 공의와 이스라엘과 세우신 법도를 행하도다

33:28 이스라엘이 안전히 거하며 야곱의 샘은 곡식과 새 포도주의 땅에 홀로 있나니 곧 그의 하늘이 이슬을 내리는 곳에로다

시편 119편 145-176절 | 영원한 빛이신 여호와

119:147 내가 날이 밝기 전에 부르짖으며 주의 말씀을 바랐사오며

119:150 악을 따르는 자들이 가까이 왔사오니 그들은 주의 법에서 머니이다

119:156 여호와여 주의 긍휼이 많으오니 주의 규례들에 따라 나를 살리소서

119:160 주의 말씀의 강령은 진리이오니 주의 의로운 모든 규례들은 영원하리이다

119:164 주의 의로운 규례들로 말미암아 내가 하루 일곱 번씩 주를 찬양하나이다

119:173 내가 주의 법도들을 택하였사오니 주의 손이 항상 나의 도움이 되게 하소서

오늘의 찬양
찬송가 31장 | 찬양하라 복되신 구세주 예수

맥체인성경365
974p

말씀 연결 빛과 믿음 (사 60, 마 8)

이사야 60장 | 영원한 빛이신 여호와

60:5 그 때에 네가 보고 기쁜 빛을 내며 네 마음이 놀라고 또 화창하리니 이는 바
다의 부가 네게로 돌아오며 이방 나라들의 재물이 네게로 옴이라

60:7 게달의 양 무리는 다 네게로 모일 것이요 느바욧의 숫양은 네게 공급되고
내 제단에 올라 기꺼이 받음이 되리니 내가 내 영광의 집을 영화롭게 하리라

60:10 내가 노하여 너를 쳤으나 이제는 나의 은혜로 너를 불쌍히 여겼은즉 이방
인들이 네 성벽을 쌓을 것이요 그들의 왕들이 너를 섬길 것이며

60:11 네 성문이 항상 열려 주야로 닫히지 아니하리니 이는 사람들이 네게로 이
방 나라들의 재물을 가져오며 그들의 왕들을 포로로 이끌어 옴이라

60:13 레바논의 영광 곧 잣나무와 소나무와 황양목이 함께 네게 이르러 내 거룩
한 곳을 아름답게 할 것이며 내가 나의 발 둘 곳을 영화롭게 할 것이라

60:16 네가 이방 나라들의 젖을 빨며 뭇 왕의 젖을 빨고 나 여호와는 네 구원자,
네 구속자, 야곱의 전능자인 줄 알리라

마태복음 8장 | 믿은 대로 됨

8:2 한 나병환자가 나아와 절하며 이르되 주여 원하시면 저를 깨끗하게 하실 수 있
나이다 하거늘

8:4 예수께서 이르시되 삼가 아무에게도 이르지 말고 다만 가서 제사장에게 네 몸
을 보이고 모세가 명한 예물을 드려 그들에게 입증하라 하시니라

8:5 예수께서 가버나움에 들어가시니 한 백부장이 나아와 간구하여

8:10 예수께서 들으시고 놀랍게 여겨 따르는 자들에게 이르시되 내가 진실로 너희
에게 이르노니 이스라엘 중 아무에게서도 이만한 믿음을 보지 못하였노라

8:11 또 너희에게 이르노니 동 서로부터 많은 사람이 이르러 아브라함과 이삭과 야
곱과 함께 천국에 앉으려니와

8:12 그 나라의 본 자손들은 바깥 어두운 데 쫓겨나 거기서 울며 이를 갈게 되리라

8:20 예수께서 이르시되 여우도 굴이 있고 공중의 새도 거처가 있으되 인자는 머리
둘 곳이 없다 하시더라

묵상 가이드

신 33-34장 하나님의 구원과 도우심과 보호하심의 은혜를 입고 있는 이스라엘 백성들을 향해 행복한 사람이라고 말씀하고 있습니다. 따라서 주의 구원의 은혜를 누리며 주님과 교제하며 살아가고 있는 우리도 행복한 사람임을 잊지 말아야 합니다. 행복은 재물이나 성공에 있지 않고 주님과 함께하는 삶에 있습니다.

시 119:145~176절 주의 말씀이 행복임을 보여 줍니다. 재물을 쌓고 부유해지는 것보다 주의 말씀이 즐거움이 됨을 고백하고 있습니다. 주의 말씀 안에서 평안을 누리고 형통함의 축복을 누리며 행복하게 살아갈 수 있다고 말씀하고 있습니다.

사 60장 죄를 범함으로 징계를 받은 백성들을 하나님께서 은혜로 불쌍히 여기시고 다시 회복시키심을 예언한 말씀을 통해 우리의 죄를 용서하시고 다시 긍휼히 여기셔서 회복의 삶을 살게 하시는 하나님의 은혜가 행복임을 보여 줍니다.

마 8장 주님의 치료와 기적의 역사를 통해 주의 능력이 행복임을 보여 줍니다. 나병 환자를 치료하신 것, 백부장 하인을 고치신 것, 베드로 장모의 열병을 고치신 것, 풍랑을 잔잔하게 하신 것, 가다라 지방의 귀신들린 두 사람을 치료하신 것 등의 기록을 통해 주님과 함께하는 삶에서 경험하는 능력으로 모든 문제와 장애들을 넘어가는 삶이 행복임을 보여 줍니다.

더 깊은 묵상

우리는 행복한 사람입니다. 주의 용서의 은혜와 이를 통한 구원을 누리고 있는 행복한 사람입니다. 주의 말씀으로 평안을 누리며, 주의 능력으로 모든 문제를 이기는 행복한 사람입니다. 하나님께서 우리의 생명의 빛이 되심을 믿으며 주님의 말씀에 따라 믿음으로 살아가는 존귀한 삶이 되어야 합니다.

기도와 적용

말씀기도

❶ 주의 구원으로 행복을 누리며, 말씀의 삶을 통해 평안과 형통한 삶을 살게 하소서.
❷ 주의 용서의 은혜 속에서 회복과 역전과 풍성함의 축복을 누리게 하소서.
❸ 풍랑이 있는 바다라도 그 속에서 경험하는 주의 능력으로 행복한 삶을 살게 하소서.

나의 적용

오늘의 감사

믿음으로 감사

소망으로 감사

사랑으로 감사

말씀암송

마 8:20 예수께서 이르시되 여우도 굴이 있고 공중의 새도 거처가 있으되 ☐☐는 머리 둘 곳이 없다 하시더라

말씀배경 지식

야곱의 샘 (신 33:28)

야곱의 후손 이스라엘의 별칭이다. 이외에도 선민에 대한 구약의 표현들을 살펴보면 여수룬(32:15), 여호와의 성민(7:6), 하나님의 백성(출 6:7), 택함받은 자(사 41:8), 여호와의 총회(23:1-2), 하나님의 자녀(32:5) 등이 있다.

180 일차/365

6월 29일

함께하심

여호수아 1장 | 시편 120-122편 | 이사야 61장 | 마태복음 9장

말씀 연결 강하고 도우시는 하나님 (수 1, 시 120-122)

여호수아 1장 | 강하고 담대해야 함

1:1 여호와의 종 모세가 죽은 후에 여호와께서 모세의 수종자 눈의 아들 여호수아에게 말씀하여 이르시되

1:3 내가 모세에게 말한 바와 같이 너희 발바닥으로 밟는 곳은 모두 내가 너희에게 주었노니

1:4 곧 광야와 이 레바논에서부터 큰 강 곧 유브라데 강까지 헷 족속의 온 땅과 또 해 지는 쪽 대해까지 너희의 영토가 되리라

1:6 강하고 담대하라 너는 내가 그들의 조상에게 맹세하여 그들에게 주리라 한 땅을 이 백성에게 차지하게 하리라

1:10 이에 여호수아가 그 백성의 관리들에게 명령하여 이르되

1:13 여호와의 종 모세가 너희에게 명령하여 이르기를 너희의 하나님 여호와께서 너희에게 안식을 주시며 이 땅을 너희에게 주시리라 하였나니 너희는 그 말을 기억하라

1:14 너희의 처자와 가축은 모세가 너희에게 준 요단 이쪽 땅에 머무르려니와 너희 모든 용사들은 무장하고 너희의 형제보다 앞서 건너가서 그들을 돕되

1:15 여호와께서 너희를 안식하게 하신 것 같이 너희의 형제도 안식하며 그들도 너희의 하나님 여호와께서 주시는 그 땅을 차지하기까지 하라 그리고 너희는 너희 소유지 곧 여호와의 종 모세가 너희에게 준 요단 이쪽 해 돋는 곳으로 돌아와서 그것을 차지할지니라

시편 120-122편 | 도우시는 하나님

120:2 여호와여 거짓된 입술과 속이는 혀에서 내 생명을 건져 주소서

120:4 장사의 날카로운 화살과 로뎀 나무 숯불이리로다

120:5 메섹에 머물며 게달의 장막 중에 머무는 것이 내게 화로다

121:1 내가 산을 향하여 눈을 들리라 나의 도움이 어디서 올까

122:2 예루살렘아 우리 발이 네 성문 안에 섰도다

122:6 예루살렘을 위하여 평안을 구하라 예루살렘을 사랑하는 자는 형통하리로다

122:9 여호와 우리 하나님의 집을 위하여 내가 너를 위하여 복을 구하리로다

오늘의 찬양
찬송가 450장 | 내 평생 소원 이것뿐

맥체인성경365
981p

말씀 연결 빛과 믿음 (사 61, 마 9)

이사야 61장 | 크게 기뻐함

61:2 여호와의 은혜의 해와 우리 하나님의 보복의 날을 선포하여 모든 슬픈 자를 위로하되

61:4 그들은 오래 황폐하였던 곳을 다시 쌓을 것이며 옛부터 무너진 곳을 다시 일으킬 것이며 황폐한 성읍 곧 대대로 무너져 있던 것들을 중수할 것이며

61:8 무릇 나 여호와는 정의를 사랑하며 불의의 강탈을 미워하여 성실히 그들에게 갚아 주고 그들과 영원한 언약을 맺을 것이라

61:10 내가 여호와로 말미암아 크게 기뻐하며 내 영혼이 나의 하나님으로 말미암아 즐거워하리니 이는 그가 구원의 옷을 내게 입히시며 공의의 겉옷을 내게 더하심이 신랑이 사모를 쓰며 신부가 자기 보석으로 단장함 같게 하셨음이라

마태복음 9장 | 가르치시며 전파하시며 고치심

9:9 예수께서 그 곳을 떠나 지나가시다가 마태라 하는 사람이 세관에 앉아 있는 것을 보시고 이르시되 나를 따르라 하시니 일어나 따르니라

9:11 바리새인들이 보고 그의 제자들에게 이르되 어찌하여 너희 선생은 세리와 죄인들과 함께 잡수시느냐

9:15 예수께서 그들에게 이르시되 혼인집 손님들이 신랑과 함께 있을 동안에 슬퍼할 수 있느냐 그러나 신랑을 빼앗길 날이 이르리니 그 때에는 금식할 것이니라

9:16 생베 조각을 낡은 옷에 붙이는 자가 없나니 이는 기운 것이 그 옷을 당기어 해어짐이 더하게 됨이요

9:17 새 포도주를 낡은 가죽 부대에 넣지 아니하나니 그렇게 하면 부대가 터져 포도주도 쏟아지고 부대도 버리게 됨이라 새 포도주는 새 부대에 넣어야 둘이 다 보전되느니라

9:27 예수께서 거기에서 떠나가실새 두 맹인이 따라오며 소리 질러 이르되 다윗의 자손이여 우리를 불쌍히 여기소서 하더니

9:35 예수께서 모든 도시와 마을에 두루 다니사 그들의 회당에서 가르치시며 천국 복음을 전파하시며 모든 병과 모든 약한 것을 고치시니라

묵상 가이드

수 1장 모세가 죽은 후 가나안 정복을 수행할 새 지도자 여호수아를 향한 하나님의 독려와 함께 명령을 받은 여호수아와 백성들의 다짐을 통해 우리와 함께 하시는 하나님을 보여 줍니다. 모세에게 함께하신 하나님께서 여호수아와도 함께하신다는 것입니다.

시 120-122편 주의 성전을 찾아 나아가는 길에 하나님의 도우심이 있음을 전하는 말씀입니다. 환난 중에 구원을 베푸시는 하나님을 소망하며, 악인의 심판을 갈망하는 말씀을 통해 우리를 도우시는 하나님을 보여 줍니다.

사 61장 회복과 영광 그리고 구원을 이루실 하나님께로부터 보냄을 받은 자에 대한 예언의 말씀입니다. 이 말씀은 보내시는 하나님의 뜻을 깨닫게 합니다. 고통과 슬픔과 절망 가운데 있는 사람들을 위로하며, 그들에게 구원의 소식을 전하여 소망의 삶을 살게 하기를 원하시는 하나님의 사랑을 읽을 수 있습니다.

마 9장 중풍 병자, 혈루증 환자 및 죽은 야이로의 딸, 소경과 벙어리 등을 고치신 사실을 말씀하며 제자를 부르시는 예수님의 모습을 보여 줍니다. 예수님께서 세관에 앉아 있는 마태를 제자로 부르셨고, 마태가 그 부름에 일어나 따랐다는 말씀입니다.

더 깊은 묵상

하나님은 생명을 위해 우리를 부르시고, 또한 생명을 전하기 위해 우리를 보내십니다. 주의 보내심을 따라 걸어가는 사명의 길에 하나님은 함께하시며 또한 도우십니다. 따라서 함께하시며 도우시는 하나님을 바라보고, 하나님으로 말미암아 기뻐하고 즐거워하며 두려움 없이 사명의 길을 걸어가야 합니다.

기도와 적용

말씀기도

❶ 주님의 부르심에 순종하여 따르게 하셔서, 위대한 제자의 삶을 살아가게 하소서.
❷ 보내시는 주의 사명을 깨닫게 하시며 그 사명을 감당하게 하소서.
❸ 함께 하시며 도움 되시는 하나님만 바라보며 두려움 없이 걸어가게 하소서.

나의 적용

오늘의 감사

믿음으로 감사

소망으로 감사

사랑으로 감사

말씀암송

수 1:6 ☐하고 ☐☐하라 너는 내가 그들의 조상에게 맹세하여 그들에게 주리라 한 ☐을 이 백성에게 차지하게 하리라

말씀배경 지식

바리새인 (마 9:11)
원어적으로 '분리된 자'라는 뜻이다. 마케베오 당시 헬라화에 반대하고 선민으로서의 성결을 주장하던 경건주의자를 가리키는 말에서 유래했다. 율법과 전승을 철저하게 중시하여 백성들의 존경을 받았으나 너무 형식에 치우쳐 비난을 받기도 했다. 예수 당시 가장 큰 세력을 형성한 종교 집단이다.

181 일차 365

6월 30일

하나님

여호수아 2장 | 시편 123-125편 | 이사야 62장 | 마태복음 10장

말씀 연결 고백과 은혜 (수 2, 시 123-125)

여호수아 2장 | 이방인의 고백

2:1 눈의 아들 여호수아가 싯딤에서 두 사람을 정탐꾼으로 보내며 이르되 가서
그 땅과 여리고를 엿보라 하매 그들이 가서 라합이라 하는 기생의 집에 들어가
거기서 유숙하더니

2:6 그가 이미 그들을 이끌고 지붕에 올라가서 그 지붕에 벌여 놓은 삼대에 숨겼
더라

2:12 그러므로 이제 청하노니 내가 너희를 선대하였은즉 너희도 내 아버지의 집
을 선대하도록 여호와로 내게 맹세하고 내게 증표를 내라

2:15 라합이 그들을 창문에서 줄로 달아 내리니 그의 집이 성벽 위에 있으므로
그가 성벽 위에 거주하였음이라

2:18 우리가 이 땅에 들어올 때에 우리를 달아 내린 창문에 이 붉은 줄을 매고 네
부모와 형제와 네 아버지의 가족을 다 네 집에 모으라

2:19 누구든지 네 집 문을 나가서 거리로 가면 그의 피가 그의 머리로 돌아갈 것
이요 우리는 허물이 없으리라 그러나 누구든지 너와 함께 집에 있는 자에게 손을
대면 그의 피는 우리의 머리로 돌아오려니와

2:24 또 여호수아에게 이르되 진실로 여호와께서 그 온 땅을 우리 손에 주셨으므
로 그 땅의 모든 주민이 우리 앞에서 간담이 녹더이다 하더라

시편 123-125편 | 은혜를 베푸시는 하나님

123:4 안일한 자의 조소와 교만한 자의 멸시가 우리 영혼에 넘치나이다

124:2 사람들이 우리를 치러 일어날 때에 여호와께서 우리 편에 계시지 아니하셨
더라면

125:1 여호와를 의지하는 자는 시온 산이 흔들리지 아니하고 영원히 있음 같도다

오늘의 찬양
찬송가 595장 | 나 맡은 본분은

맥체인성경365
985p

말씀 연결 찬송과 주의 이름 (사 62, 마 10)

이사야 62장 | 다시 찬송 받으심

62:4 다시는 너를 버림 받은 자라 부르지 아니하며 다시는 네 땅을 황무지라 부
르지 아니하고 오직 너를 헵시바라 하며 네 땅을 쁄라라 하리니 이는 여호와께서
너를 기뻐하실 것이며 네 땅이 결혼한 것처럼 될 것임이라

62:6 예루살렘이여 내가 너의 성벽 위에 파수꾼을 세우고 그들로 하여금 주야로
계속 잠잠하지 않게 하였느니라 너희 여호와로 기억하시게 하는 자들아 너희는
쉬지 말며

62:9 오직 추수한 자가 그것을 먹고 나 여호와를 찬송할 것이요 거둔 자가 그것
을 나의 성소 뜰에서 마시리라 하셨느니라

62:12 사람들이 너를 일컬어 거룩한 백성이라 여호와께서 구속하신 자라 하겠고
또 너를 일컬어 찾은 바 된 자요 버림 받지 아니한 성읍이라 하리라

마태복음 10장 | 주의 이름으로 받는 미움

10:2 열두 사도의 이름은 이러하니 베드로라 하는 시몬을 비롯하여 그의 형제 안드
레와 세베대의 아들 야고보와 그의 형제 요한,

10:6 오히려 이스라엘 집의 잃어버린 양에게로 가라

10:9 너희 전대에 금이나 은이나 동을 가지지 말고

10:14 누구든지 너희를 영접하지도 아니하고 너희 말을 듣지도 아니하거든 그 집
이나 성에서 나가 너희 발의 먼지를 떨어 버리라

10:29 참새 두 마리가 한 앗사리온에 팔리지 않느냐 그러나 너희 아버지께서 허락
하지 아니하시면 그 하나도 땅에 떨어지지 아니하리라

10:34 내가 세상에 화평을 주러 온 줄로 생각하지 말라 화평이 아니요 검을 주러 왔
노라

10:42 또 누구든지 제자의 이름으로 이 작은 자 중 하나에게 냉수 한 그릇이라도
주는 자는 내가 진실로 너희에게 이르노니 그 사람이 결단코 상을 잃지 아니하리라
하시니라

묵상 가이드

수 2장 가나안 진격에 앞서 첫 성읍인 여리고를 먼저 정탐하는 것을 통해 우리의 대적을 두렵게 하시는 하나님을 보여 줍니다. 하나님께서 이스라엘 백성들에게 행하신 놀라운 일들을 들었고, 이로 인해 여리고 성읍의 모든 사람이 두려움을 가졌다는 것입니다.

시 123-125편 힘든 현실의 아픔을 딛고 오직 구원과 소망 되시는 하나님께서 우리 편 되시는 것을 보여 줍니다. 하나님이 우리 편에 계셨기에 적들의 공격으로 인한 큰 위기 속에서 적들을 물리치고 생명을 지킬 수 있었음을 고백하는 말씀입니다.

사 62장 예루살렘을 향한 하나님의 말씀으로, 시온의 약속이 금방 성취되지 않고 지연되면서 점차 낙담하게 된 자들을 위로하면서 시온에 임할 최종적인 승리를 선포하고 있습니다. 하나님께서 예루살렘을 죄로 인해 심판하셨지만, 큰 사랑으로 다시 기뻐하시며 회복하신다는 것입니다.

마 10장 주님의 제자로서 사명을 감당하며 믿음으로 살아가는 삶에서 위협과 핍박과 환난을 만나지만, 염려하거나 두려워하지 말라는 주님의 가르침으로 예수님께서 따르던 제자 중에 열두 명을 선택하시고, 그들에게 복음 전도자로 훈련 시키시기 전에 주신 말씀이라고 할 수 있습니다.

더 깊은 묵상

하나님께서 우리 편이 되셔서 대적들을 두렵게 하시며 친히 싸워 승리를 주십니다. 우리 편이 되신 하나님은 그 사랑으로 우리를 기뻐하시며, 모든 환난과 핍박에서 우리를 보호하시고 지키십니다. 우리의 도움이 되시는 하나님의 은혜 베푸심을 감사하며, 그 이름을 찬양하고 고백하는 아름다운 삶이 되어야 합니다.

기도와 적용

말씀기도

❶ 우리 편이 되어 돌보시며 지키시는 하나님의 은혜를 감사하며 살아가게 하소서.
❷ 오직 하나님만이 두려워할 분임을 깨닫고, 세상 권세를 두려워하지 않게 하소서.
❸ 우리를 기뻐하시는 하나님의 사랑에 소망을 두고 살아가게 하소서.

나의 적용

오늘의 감사

믿음으로 감사

소망으로 감사

사랑으로 감사

말씀암송

시 125:1 여호와를 의지하는 자는 ☐☐ ☐이 흔들리지 아니하고 영원히 있음 같도다

말씀배경 지식

헵시바 (사 62:4)
문자적으로는 '나의 기쁨이 그녀에게 있다.'라는 뜻이다. 즉 이스라엘의 회복과 궁극적인 성도의 구원이 모두 다 하나님의 거룩하신 뜻 안에서 이루어진다는 의미이다. 한편 '헵시바'라는 이름은 히스기야의 왕비이자 므낫세의 어머니 이름으로 나타나기도 한다(왕하 21:1).

믿고 행하라

그러면 어떻게 할까 내가 영으로 기도하고 또 마음으로 기도하며 내가 영으로 찬송하고 또 마음으로 찬송하리라. 고전 14:15

집안에 불이 나자 아버지와 아들은 각각 집 밖으로 피하게 되었는데, 한 소년이 불길을 피해 2층 지붕 위로 올라갔다. 이때, 밖으로 급히 피신한 아버지는 아들을 향해서 소리쳤다. "얘야, 내려. 아빠가 받을게." 그러나 연기가 위로 치솟았기 때문에 소년은 아버지를 볼 수가 없었다. "아빠. 보이지가 않아요. 아빠가 보이지 않아요." 겁을 먹은 소년은 울먹이기 시작했다. 그러자 소년의 아버지는 "얘야, 용기를 내어 뛰어내리렴. 난 너를 볼 수 있단다. 아빠를 믿으렴"하고 소리쳤다. 소년은 아버지를 믿고 연기 속으로 뛰어내렸고 살아났다. 믿음은 현실을 보지 않고 전능자에게 의탁하는 것이다.

본문의 묵상을 위한 주제어

1. 어떻게 할까 : 내게 허락하신 신령한 은혜를 따라 살기를 생각한다.
2. 영으로 : 오늘, 한 날 하나님과 나 사이에서만의 은혜를 유지한다.
3. 마음으로 : 내게 임한 하늘의 은혜를 지체들과도 나누어 누린다.

기도: 하나님의 영으로 살아드리는 한 날로 삼기 원합니다.

심화예화365 / 선교횃불

Hallelujah 확신시리즈

김상복 목사의

확신 시리즈

확신시리즈 size : 155*220

①	②	③	④	⑤	⑥
아, 그렇구나	아, 살았구나	아, 기쁘구나	아, 사랑이네	아, 희망있네	아, 성령이 오셨네
믿음과 성장	죄와 구원	동행과 섬김	사랑과 전도	인생과 종말	성령과 참된영성
(470page)	(380page)	(456page)	(368page)	(520page)	(368page)
18,000원	18,000원	18,000원	18,000원	18,000원	23,000원

확신시리즈 ISBN(SET) 9788955-464030-04230 저자_ 김상복

3S(구원, 성화, 섬김) 신앙의 내용을 묶어서 **"확신시리즈"**로 발간했습니다.
거듭난 성도라면 ' **믿음, 성장, 구원, 동행, 섬김, 사랑, 전도, 순종, 종말** ' 에 대한 확신이 있어야 합니다.
저는 이 아홉 가지 확신이야 말로 탄탄한 신앙의 출발점이며, 건강한 신앙생활의 원동력이라고 생각했습니다.
그리스도인들이 제대로 된 신앙생활을 하지 못하는 경우는 이에 대한 확신이 부족하기 때문이라고 보았던 겁니다.
당시 "확신시리즈"는 40쇄를 넘긴 베스트셀러였습니다.
하지만 안타깝게도 현재는 출판사 사정으로 모든 책이 절판되었고, 저자인 저마저도 구하기 힘든 책이 되고 말았습니다. 이에 오래 전의 "확신시리즈" 9권과 『죄의 속박에서 벗어나라』를 더한 10권을 두 권씩 합하고 새롭게 매만져 개정판 5권으로 출간하기로 했습니다.

CCM2U 신교횃불 www.ccm2u.com

예닮퍼즐 시리즈

조각	크기	규격	가격
9 12 16 20 조각	소	260*195mm	3,200원
25 36 42 50 조각	중	300*214mm	4,200원
88조각	퍼즐 88조각	440*295mm	7,800원
104조각(대)		440*295mm	7,500원
180조각(특대)		505*360mm	9,500원
500조각 (구성_ 퍼즐, 밑그림, 전용유액)		520*380mm	12,000원

예닮퍼즐

* 집중력과 관찰력을 길러주며 흥미를 유발할 수 있습니다.
* 호기심에 의한 창의력과 개발과 집중력, 인내심 향상을 가져다 주며 퍼즐의 완성을 통하여 커다란 성취감을 느낄 수 있습니다.
* 아이가 엄마 아빠와 함께 그림조각을 맞추는 시간을 보내면서 정서적 안정에 도움이 되며, 손가락으로 잡고 끼우는 동작을 함으로써 소근육 발달 및 EQ의 성장에 참 좋은 놀이 교재입니다.

NAVER 예닮퍼즐 검색